図解でわかる！

戦略的

Create a Strategic Personnel System

人事制度
のつくりかた

株式会社フィールドマネージメント・ヒューマンリソース

小林傑　山田博之　野崎洸太郎

Suguru Kobayashi, Hiroyuki Yamada, Koutaro Nozaki

STEP **2** 人材ビジョン・人事制度改定コンセプト

人事制度改定の判断軸をつくる

STEP **3** 等級制度

社員の成長と役割・職責を見える化する

STEP 4　評価制度

社員の成長・行動をマネジメントする

STEP 5　報酬制度

社員の貢献に報いる仕組みをつくる

LAST STEP　　導入・運用

人事制度が活用される運用基盤をつくる

STEP

ZERO

はじめに

これから人事制度改定の
やり方の解説、
フレームワーク作成の
お手伝いをします

1 人事とは何か？

今、これを読んでくださっているあなたは、企業の中で、何らかの人事業務に携わっているか、これから携わる方だと思います。

そんなあなたに1つお聞きします。

「人事」とは、一言でいえば何なのでしょうか？ つまり、人事という仕事の本質です。

■「生き生きと働ける環境づくり」は本質か？

人によって、様々な答えがあるでしょう。

たとえば、

「会社に適正な労働環境や制度を整えること」

「優秀な人材を採用し、その人材の質をさらに高めること」

「みんなが生き生きと働ける職場をつくること」

等々……。

いずれも間違っているわけではありません。確かに、人事という仕事の中で、考慮しなければならない要素でしょう。しかし、それらが人事という仕事の「本質」なのかといわれれば、少し違うのではないかと私たちは思います。

■ 人事の仕事はズバリ「人材の質と量の最適化」

「経営戦略を実現するために、人材の質と量を最適化する機能」

これが企業の中で、人事が果たすべき役割の本質であり、この機能を実現させることが、人事担当者の仕事ということだと私たちは考えています。

このように端的に書いてしまうと、「身も蓋もない」と感じる方もいるかもしれません。あるいは「まあ、当たり前のことだね」と思われる方もいるでしょう。

今の段階では、言葉の文字面の意味は理解できても、腹落ちはしていないでしょう。それは当然で、そのためにこの後の本文があるのです。

しかし、本書を最後までお読みいただき、各ステップの中で示されるフレームワークで、実際のワークをしていただければ、この定義に含まれる意が、高い解像度でご理解いただけることと思います。

2　これまでの人事とこれからの人事

　以前の人事の仕事といえば、どちらかといえば「労務管理」のサポートが主な業務でした。夜警国家的な人事といってもいいかもしれません。基本的には、社員が気持ちよく働けるような職場環境を準備し、労務管理を支えるサポート機能を提供するのが人事でした。

　そのような業務が、もちろん今後もなくなるわけではありません。

　しかし、そういった管理業務というのは、今、どんどんアウトソーシングされたり、あるいはシステム化されたりしていく流れがあります。定型的で、誰がやってもあまり変わらない仕事であれば、コストの低いアウトソーシングに出す、あるいは、人間がやる必要はなく、システムにやらせる。これは企業のあらゆる面で進展している動きであり、当然、人事だけがその例外になるわけがありません。

　一方、「戦略人事」というようなキーワードも出てきて久しいですが、場合によっては経営に対して主導的に関わるような、経営企画、経営参謀機能としての人事というものが求められており、今後その要望がどんな企業でも強まっていくことは間違いありません。

　極端にいえば、多くの企業で「人事戦略立案や企画策定を担えないのなら、自社で人事機能を持っている意味がない」と感じられるように、人事の役割が変わっていくことになるでしょう。

今のままの会社ではいられない

　人事が変わっていく背景には、企業自体の変化があります。

　かつて、国内総人口が増加し、国内市場全体が拡大していた時期には、普通に経営をしていれば会社の業績もそれに応じて伸びていきました。企業が大きく変わる必要もなかったのです。

　しかし、ご承知の通りすでに総人口は減少時代に入り、国内市場全体が縮小しています。

　一方では、「第4次産業革命」とも呼ばれる情報通信技術の発展、IoTとAIの進歩などを背景に、経営環境変化の速度が加速しています。そのため、ドラスティックかつ迅速な経営戦略の変更を迫られることが当たり前になりました。たとえば、グローバル展開、M&Aによる事業統合や新領域への進出などです。それに一段と拍車をかけたのが、

2020年春からの、コロナ禍であることはいうまでもありません。

多くの企業で「変化しなければ衰退するしかない」という危機感は、——実際に変われるかどうかは別として——かつてないほどに高まっているはずです。

▌人事も変わる必要がある

国内市場全体が伸長していた時代には、従業員への分配も、それなりに手厚く行うことができました。また、大手企業を中心に、新卒一括採用、終身雇用、年功序列が当たり前で、人材の流動性も極端に低いものでした。

そのような経営環境においては、人事制度を大きく変更する必要性が低く、制度の骨格は基本的に固定的でした。制度が固定的であれば、人事に対して企画機能や戦略機能などは、当然求められません。

しかし、1990年バブル崩壊後、平成から現在まで続く低成長の中で、企業は将来に備えて内部留保を貯めこみ、かつてのように一律に労働分配を増加させることはできなくなりました。そして、マクロ的に見れば、中途

採用市場の定着、拡大にはじまり、派遣労働の拡大・一般化、働き方改革など、以前の雇用慣習を大幅に変える制度、慣習が次々に登場しています。それに伴い、企業や労働者の意識も変化し、転職が増加し、ジョブ型雇用推進、雇用延長などの動きが強まっています。総じて、人材の流動化が年々進展しています。

労働力人口の総数が減り、かつ流動化が激しくなっていく中では、優秀な人材の獲得やリテンション施策においても、戦略的な発想、視点がなければ、人材市場での競争に勝ち残ることはできません。人事も変わらなければならないのです。

3　戦略と組織の関係

　ここで、少し回り道になりますが、本書全体を通じて重要な前提知識となる、経営戦略と組織の話をしておきます。

あるべき姿と現状とのギャップを埋める方法論が戦略

　企業には通常、将来に到達すべき目標や目指すべき姿が「経営理念」や「ビジョン」などで示されています。これをあるべき姿（To be）と呼びます。あるべき姿は、当然ながら現状（As is）ではまだ達成できていないものですから、両者には必ずギャップがあります。そこであるべき姿と現状とのギャップを埋め、現状を理想の姿に近づけていくための方法論が必要になります。この方法論が「経営戦略」と呼ばれるものです。

　企業全体のレベルで策定される戦略が「経営戦略」、企業の中の事業部門レベルで策定される戦略が「事業戦略」と区分されます。（単一事業の企業であれば経営戦略≒事業戦略となります）。

　人事機能は、通常、事業部門ごとではなく、企業全体に属するものとして設けられるため、経営戦略と密接に結びついています。し

たがって、以後、特に断りなく「戦略」と記載した場合は経営戦略を指すこととします。

戦略の策定

　戦略は通常、「ドメイン」の定義と「コア・コンピタンス」を要素として策定されます。

　ドメインとは、事業を展開する領域のことです。どのような顧客に対して、どのような強みを使って、どのように商品やサービスを売るのかというところから、事業領域は設定されます。また、コア・コンピタンスとは、競合他社に対して優位となる競争力の源泉です。コア・コンピタンスをどのように用いて、どのようなドメインで事業を展開していくのかが事業戦略であり、限られた経営資源をどのように複数の事業に配分していくのかが経営戦略の柱となります。

戦略が組織に従うのか、組織が戦略に従うのか

　戦略を実行するのは、人間の集合体である組織です。したがって、戦略は常に組織との

関係において考えられなければなりません。より具体的にいうなら、その組織が持つ「組織能力」との関連で考えられなければなりません。

　組織能力は「ケイパビリティ：capability」と呼ばれることもありますが、単に何かが「できる」ということではなく、戦略を遂行するにあたって、市場において他社よりも優れている「強み」となる能力のことを指します。

　戦略と組織（組織能力）との関係については、2通りの考え方があります。

　1つは、米国の経営学者、アルフレッド・チャンドラーが最初に主張した「組織は戦略に従う」という考え方です。彼は主著『Strategy and Structure』（1962年。日本語版『組織は戦略に従う』ダイヤモンド社、2004年）で、デュポンやゼネラル・モーターズなど当時の米国を代表する企業の事業部制について研究し、戦略を実現するためにはそれに合わせた最適な組織を設計することが重要だと述べました。

　逆に、「戦略は組織に従う」と主張したのが、「近代経営戦略論の父」と称されるロシ

ア系米国経営学者、イゴール・アンゾフです。アンゾフは、『STRATEGIC MANAGEMENT』（1979年。日本語版『戦略経営論』中央経済社、2015年）で、チャンドラーを踏まえつつ、組織能力に合わせた戦略を設計することを説きました。

　「組織は戦略に従う」のか、「戦略は組織に従う」のか、さて皆さんはどのように考えますか？

経営理念
ミッション・ビジョン

‖

経営戦略
ストラテジー

‖

組織能力
ケイパビリティ

‖

人的資源

「ドメイン（Domain）」
「どこで戦うのか？」「どこに向かって戦うのか？」

「コアコンピタンス（Core competence）」
「どのように戦うのか？（競争優位性を生み出す源泉）」

上記「事業戦略」を実行するために

「どのような人材を？」
「どのようにつくるのか？」　＝「人事戦略」

人材の質と量の最適化＝人事の仕事

上記「人事戦略」を実行するために
「どのように人材を採用するのか？」
「どのように人材を育成するのか？」　＝「人事制度」
「どのように人材を活用するのか？」

STEP ZERO

STEP 1.

STEP 2.

STEP 3.

STEP 4.

STEP 5.

LAST STEP

4　経営戦略により規定される人事制度

実際のところ、これはどちらかが必ず正しく、どちらかが間違っているというものではありません。企業の状況や置かれている環境によっても異なります。

日本企業の中で数の上では多くを占める中堅規模の企業においては、戦略が組織能力により制限を受ける場面のほうが多いことが現実でしょう。

組織能力形成のための人事制度

戦略実行に必要な組織能力がない、と判断されるとき、その組織能力を発揮できる人材がいないため実行できません、と答えて済ませるわけにはいきません。

企業が生き残るためには、現在実行されている、または新規に立案された戦略の実行に必要な、あるいは、採りうる戦略選択の幅を広げるために必要な、組織能力の形成を図ることがぜひとも必要となります。このような組織能力形成に関して、人材面で寄与するのが人事戦略です。経営戦略の下位に位置付けられる人事戦略に際しては、トップマネジメントと人事担当者が共同で策定されるでしょ

う。

その人事戦略の実現のために作成されるのが人事制度です。どんな人材を、どのようにつくり、ひいてはどのような組織能力を形成していくのかを考え、それを実現できる人事制度を人事担当者は策定しなければならないのです。企業の長期的な浮沈にとって、その役割が非常に重要であることは、いうまでもありません。

これが、先に述べた「人事戦略立案や企画策定を担えないのなら、自社で人事機能を持っている意味がない」ということの中身です。

企業の栄枯盛衰は「人」で決まる

少し視点を変えて、戦略と人事との関係についてさらに最近の動きを見ると、戦略の「コモディティ化」あるいは「共通化」という事態を背景に、競争優位性を生む源泉としては人が最重要ではないかという認識が広がっています。

現在、企業経営や経営戦略立案に関する情報が短期間で広く行き渡り、また、そういっ

STEP ZERO

STEP 1.

STEP 2.

STEP 3.

STEP 4.

STEP 5.

LAST STEP

た戦略の立案、実行をサポートできるコンサルティング会社や経営人材も増えていることから、企業が戦略によって他社と差別化し、中長期的な競争優位性を築くことは難しくなってきています。そうであるなら、競争優位性を築く源泉として、組織や人事領域が重要になるという認識です。戦略実現に資する人事から、むしろ戦略よりも優越する中長期的な強みをつくるための人事という考え方です。この考え方に立てば、企業の長期的な成長のために中核的な役割を果たすのが人事だということになります。

　そして、中長期的な強みをつくる、つまり、組織能力を強化するための人材をつくるために、人事制度を変えることが、多くの企業でこれまで以上に必要となってきているのです。

企業は人なり、などと言われますが、まさにそういう時代になりました！

5　人事制度改定の使えるフレームワークは少ない

ここで、「ただし」と、注意をしておきたいことがあります。

それは、なんでもかんでも変えればいいというものではないということです。戦略もそうですが、人事制度改定においても「変えよう」と決めたときに、今度は変えること自体が目的化してしまい、変えるべきではないものまで変えてしまうという失敗が、往々にして起こります。

そこで、人事制度改定を考える際に、戦略と関連付けながら、何から考えはじめて、人事制度の何を残し、何を変えていけばいいのか、それを考える上で役立つ「フレームワーク」を示すことが本書の目的です。フレームワークとは何かの目的を達成するための「考え方」の枠組み、また、その枠組みを見える化するためのツールのことです。

なぜ人事に使えるフレームワークがないのか

たとえば、経営戦略やマーケティングの世界では、SWOT分析、3C分析、5要因分析、7S分析など、広く使われている有名なフレームワークがいくつもあります。これらのほとんどは、欧米の著名な経営学者やコンサルタントファームが考案したものです。

しかし、人事戦略や人事制度の世界にはそういったフレームワークが存在しません。それには、欧米諸国と我が国の雇用制度の違いも大きな要因としてあります。欧米では、基本的に雇用契約はジョブ型であり、ジョブが終了したら、あるいはその他の場合でも、解雇が簡単にできます。そして人事権、人事予算は部門長が掌握していることが一般的です。部門長が採用し報酬を決め、解雇しているのです。そのため、日本のように全社一括で適用される細かい等級制度や評価制度、報酬制度というのが発達していないのです。そのため、人事制度に使えるようなフレームワークもほとんど考案されてきませんでした。

本書が目指すもの

私たちは、これまでに人事関係で定評のある書籍を片っ端から読みあさりました。そしてなんともいえないもどかしさを感じたのです。

一方には、確かに論理的ではありますが、

抽象的すぎて実務では活用しにくいタイプの学術書がありました。もう一方には、たとえば報酬制度や評価方法など、個々の論点についてのノウハウはくわしく書いてあるものの、人事の全体像とはリンクしていないタイプの実用書がありました。どちらのタイプの本を読んでも「帯に短し襷に長し」であり、人事制度自体を俯瞰した上で、人材ビジョン、等級、評価、報酬という人事制度の重要な要素を統合的に説明できるような「フレームワーク」を示した書籍はなかったのです。

　そこで、本書では、人事の仕事の本質を踏まえた上で、経営戦略や全体構造から、個々の要素までを論じ、人事制度改定全体の最適解にたどり着けるようなフレームワークの提示を目指したつもりです。

STEP ZERO

STEP 1.

STEP 2.

STEP 3.

STEP 4.

STEP 5.

LAST STEP

6　本書の読み方・使い方　解説

▌本書の目的

本書は、
・人事制度改定のプロジェクトを進めなければならない。
・人事制度改定を実施することが決定されてはいないが、改定をしたほうがいいかどうかの検討をしている。
　という状況にある企業の人事担当者に対し、その正しい進め方を、いくつかのフレームワークを通じて提示することを目的としています。

▌本書の読者対象

本書では、主に以下のような立場、属性で、悩みや意図を持った方を読者の対象として想定しています。

Ⅰ．立場、属性

・最近、異動などにより人事の仕事を担当することになった社員の方。
・新卒入社で人事部に配属された新入社員の

ような、人事未経験の方。

Ⅱ．悩み、意図

・人事業務をするにあたって、その全体像を勉強したい。
・社内（トップマネジメント、一般従業員）に対して、人事制度改定に対する理解を得るための説明をしなければならない。
・コンサルティング会社の活用を検討しているが、言いくるめられないように知識を得たい。

いずれの方も、人事業務の経験も、知識も少ないということを前提にしています。新しいことを学ぼうとするとき、知識が少ないということは、弱みでもありますが、逆に、新しい知識の吸収を邪魔する古い知識に染まっていない、白紙の状態に新しい知識を染みこませることができるため、効率がいいという強みにもなるでしょう。

もちろん、人事畑一筋で数十年、という方にお読みいただいても、何らかの発見はあるはずです。また、比較的小さな企業であれば、経営トップ自らが人事制度改定のプロジェクトリーダーになることもあるでしょう。そう

STEP ZERO

STEP 1.

STEP 2.

STEP 3.

STEP 4.

STEP 5.

LAST STEP

いった経営者の方にお読みいただいても役立つ部分があると思います。

本書が想定する企業

人事制度は、企業の規模、業種、成長段階などにより、大きく異なります。

当然ながら、10名の会社と1,000名の会社とでは違いますし、創業1年のスタートアップと、創業100年の老舗とでも違います。

本書が主として想定しているのは、高度成長期に創業され、日本の経済成長に歩調を合わせて事業規模を拡大させてきた数十年の社歴を持つ、いわゆる「老舗」と呼ばれる、中堅から大規模程度の企業です。従業員数では、300～3000名程度の企業を想定しています。

そのような企業の多くは、人事制度でいえば、新卒一括採用、年功序列、終身雇用を前提とした制度設計で長く運用してきたはずです。中には、複線型人事制度を運用している企業もあるでしょう。

しかし、経営環境の変化に伴い、既存の戦略と組織では対応できなくなりつつあり、そ

の変更を考えている企業を想定しています。

逆に、現在、事業が成長しており、戦略や組織の質を変える必要がないという企業は、対象にしていません。また、創業から数年のスタートアップ企業も、かっちりした制度をつくるよりも個人の裁量を大きくし、日々の状況変化に素早く対応しながら成長していくほうが向いていますので、そういった企業も対象としません。

本書の特徴

本書の記述については、人事業務に関する前提知識が少ない方にもご理解いただけることを念頭に、ある程度基本的な概念から説明をしています。

人事に関する書籍を読んだことがなく、前提知識がまったくない読者には違和感はないでしょうが、人事畑の経験が長い方からすれば、「当たり前のことじゃないか」あるいは「なぜこれが書いてないのだ」と思われるところがあるかもしれません。

その点について、もちろん人事に対する考え方というのは百人百様です。唯一の正解と

いうものはないでしょう。あくまで、先の前提条件で、かつ著者の考える人事の本質に即した内容である点をご理解ください。

　また、本書のもう1つの特徴として、フレームワークを使って「ワーク」（書き込み式の作業）ができる点があります。

　これはぜひ、フレームワークのページをコピーするなどして、実際に書き込むようにしてください。自社の状況を真剣に考えて、実際に手を動かして書き込むことで、理解が深まります。

本書の流れ

　人事制度改定は、一般的にどのように進めればよいのかをまとめたのが、次の図です。

　本書は人事制度改定の流れに即してSTEP1～LAST STEPまでのフレームワークを作成しています。具体的な内容は各STEPで解説します。

　それでははじめましょう！

人事制度改定の全体像

STEP ZERO

STEP 1.

STEP 2.

STEP 3.

STEP 4.

STEP 5.

LAST STEP

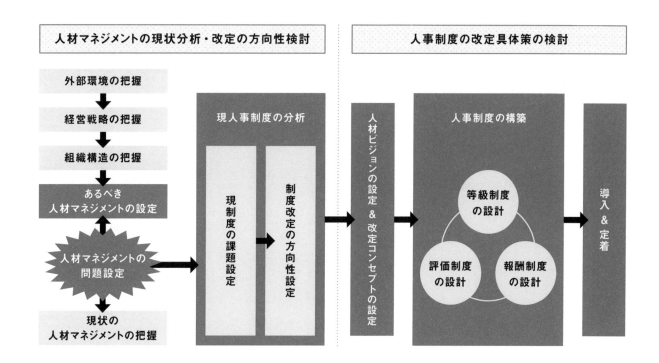

現状分析・改定の方向性

人材マネジメントのあるべき姿と現状のギャップをつかむ

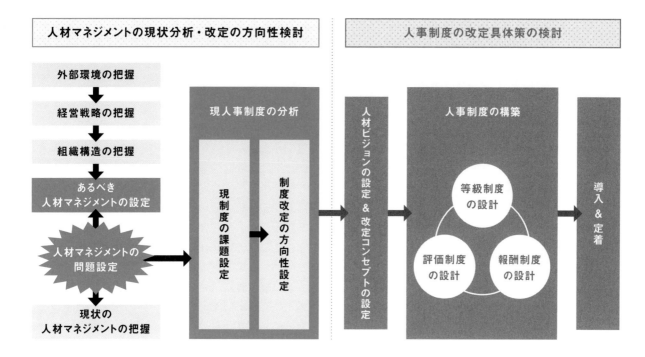

人材マネジメントの現状分析・改定の方向性検討

外部環境の把握

↓

経営戦略の把握

↓

組織構造の把握

↓

あるべき
人材マネジメントの設定

人材マネジメントの
問題設定

現状の
人材マネジメントの把握

現人事制度の分析

現制度の課題設定

制度改定の方向性設定

人事制度の改定具体策の検討

人材ビジョンの設定＆改定コンセプトの設定

人事制度の構築

等級制度の設計

評価制度の設計

報酬制度の設計

導入＆定着

このSTEPで作成するフレームワーク

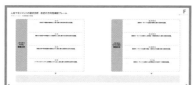

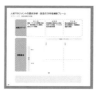

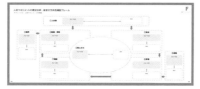

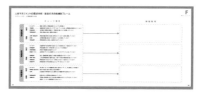

1 「現状分析・改定の方向性検討」の全体フレーム

人事制度の位置付けと構造

　人事の仕事、そして人事制度の最終的な目的は、「経営戦略の実現のために、人材の量と質を最適化すること」です。

　経営戦略の実現のために、ということは、会社組織全体の中では、経営戦略の下位（または一部）のレイヤーとして「人事戦略」が紐付けられているということです。

　その人事戦略を実現するための要素の1つが、人事制度です。

　人事制度は、等級制度、評価制度、報酬制度などの下位の諸制度から構成され、それらを用いた日々の運用により実現されます。諸制度はハードウェア、運用はソフトウェアのようなもので、どちらがなくても人事制度は成り立ちません。その統合された全体構造が人事制度です。

人事制度の改定とは

　本書でこれから説明していく「人事制度の改定」とは、この人事制度全体を完全に、あるいは大幅に変更することを指します。たとえば既存の採用方法に加えて新しい方法を追加するだとか、社員数の変化に応じて等級制度を手直ししたり、号俸表を見直したりといった部分的な改善のことではありません。

　経営戦略をより速く、より確実かつ強力に推進するため、それに資するような人事戦略を設定し、人事制度を抜本的に変えていくことが、ここでいう「人事制度の改定」です。

　当然、人事制度改定にあたっては、人事担当者は経営戦略（さらにいえば、経営戦略を規定している経営理念）を十分に理解し、経営戦略に関するトップマネジメントの意思が確実に反映されているかどうかを意識しながら進めなければなりません。

　しかし、「経営戦略を実現させることが人事制度改定の目的」というだけでは抽象度が高く、大まかな方向性しか示せていません。それをどうやってブレイクダウンしていくのかが、本STEPで説明していく内容となります。

人材マネジメントの現状分析・改定の方向性検討

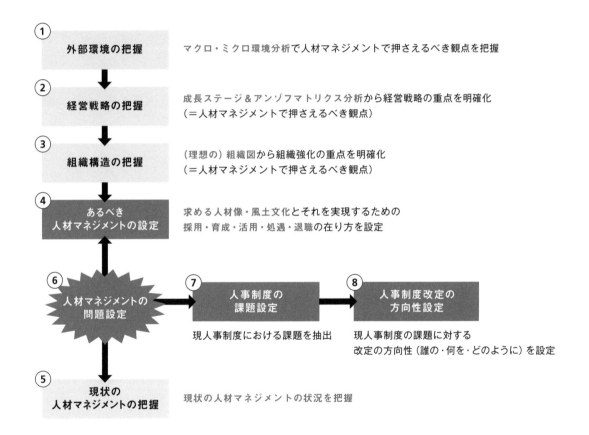

① **外部環境の把握**　マクロ・ミクロ環境分析で人材マネジメントで押さえるべき観点を把握

② **経営戦略の把握**　成長ステージ＆アンゾフマトリクス分析から経営戦略の重点を明確化（＝人材マネジメントで押さえるべき観点）

③ **組織構造の把握**　（理想の）組織図から組織強化の重点を明確化（＝人材マネジメントで押さえるべき観点）

④ **あるべき人材マネジメントの設定**　求める人材像・風土文化とそれを実現するための採用・育成・活用・処遇・退職の在り方を設定

⑥ **人材マネジメントの問題設定**

⑦ **人事制度の課題設定**　現人事制度における課題を抽出

⑧ **人事制度改定の方向性設定**　現人事制度の課題に対する改定の方向性（誰の・何を・どのように）を設定

⑤ **現状の人材マネジメントの把握**　現状の人材マネジメントの状況を把握

STEP ZERO

STEP 1.

STEP 2.

STEP 3.

STEP 4.

STEP 5.

LAST STEP

2　外部環境の把握

　まずはマクロ的な視座での外部環境把握からスタートします。

　ここでの外部環境とは、広く経営環境や事業環境一般という意味ではなく「人事・労務領域に関する外部環境」に限定したものです。

PEST分析とは

　PEST分析は、マーケティング理論の大家、フィリップ・コトラーが、事業戦略やマーケティング戦略策定のために考案した分析フレームワークです。

　PEST分析の「PEST」とは、Politics（政治）、Economy（経済）、Society（社会）、Technology（技術）の、4つの言葉の頭文字をつなげたものです。この4つのマクロ的な環境を分析し、その将来を想定することで、最適な戦略の方向を探ろうとするのがPEST分析です。ここでは、たとえば図のような、人事・労務領域に限定したPESTを分析します。

他社の動きも把握しておこう

　PEST分析による環境把握に加え、自社と同じような業界の他社の動きを把握しておくことも重要です。特に、採用、育成、処遇に関わる動向を知っておくことは、自社の制度改定を検討する上で有益です。

あまり難しく考える必要はない

　以上を読んで、大変だと思うかもしれませんが、それほど難しく考える必要はありません。人事・労務関連のニュースをチェックする程度でよいでしょう。あるいは、会社で『労政時報』（労務行政社発行）を購読しているのなら、そのバックナンバーを1年分くらいさかのぼって目を通していただければ、主要なトピックは押さえられると思います。

　フレームワークは各要素を厳密に分類することが目的ではありません。あくまで要素を見つけ出したり、考えたりするための導きの糸として利用するものなのです。

STEP ZERO

STEP 1.

STEP 2.

STEP 3.

STEP 4.

STEP 5.

LAST STEP

外部環境の把握ポイント

マクロ環境分析

 P

Politics（政治）

政治、行政が掲げる労働政策の方向性や、政策に関連する各種労働法制の改定、改定予定などがここに含まれます。

 E

Economy（経済）

足元の労働市場の需要動向と、その推移の予測や、賃金水準や物価水準の動向、それらに広く影響を与える景気動向などがここに含まれます。

ミクロ（業界）環境分析

業界内・ライバル企業の人事に関する動向

採用動向	育成動向	処遇動向	その他動向

 S

Society（社会）

就業可能人口の動態、リモートワークなどに見られる就業様式や生活様式の変化、人権やダイバーシティなどへの社会の対応、就労観の変化などがここに含まれます。

T

Technology（技術）

「HRテック」と称されるような人事領域における技術革新の動向、RPAやAIなどに見られる人間に代わり業務を遂行するテクノロジーの進化などがここに含まれます。

3 　経営戦略の把握

　経営戦略策定はトップマネジメントの職務であり、人事担当者がその中核に直接関与することは少ないでしょう。しかし、「はじめに」でも、また本STEP冒頭でも触れたように、人事戦略、人事制度は経営戦略から導出されるものなので、人事担当者がそれを十分に理解しておくことは、当然に必要です。経営戦略の把握、理解なしに、人事制度改定は進められない、といっても過言ではありません。

　そして、経営戦略の理解とは、単にその「文字面の意味」がわかるということではありません。なぜ、何を目指して、何を、どのように実現するための戦略なのかという、内実を確実に理解しておくことが必要です。

　そこで、経営戦略に関して、これだけは最低限押さえておきたいという一般的なポイントを確認しておきます。

■ 成 長 ス テ ー ジ 別 の 基 本 戦 略

　まず経営戦略把握のために知っておきたいのが、自社の成長ステージに応じた戦略の考え方の基本です。

　なぜなら、伸び盛りの若手企業、成熟した中堅企業、事業が衰退し再生を目指している企業など成長ステージの段階に応じて、採るべき経営戦略が当然異なるためです。それに応じて、人事の基本戦略も変わってきます。詳細は次ページの図で示しています。

■ 経 営 戦 略 の 方 向 性 を 定 め る た め の 「 ア ン ゾ フ マ ト リ ク ス 」

　復習になりますが、戦略とは、「あるべき姿（To be）と現状（As is）とのギャップを埋め、現状を理想の姿に近づけていくための方法論」でした。

　この方法論の策定のためにも、様々なフレームワークが考案されていますが、もっとも古典的かつ有名なものが、「はじめに」でも登場したアンゾフによる「アンゾフの事業拡大マトリクス」（アンゾフマトリクス）です。

　これは、縦軸をターゲット顧客（市場）、横軸を商品・サービス（ビジネスモデル）とした4象限のマトリクスを描き、会社が採りうる経営戦略の選択肢を示すフレームワークです。

成長ステージ別の人事の基本戦略

	創業期	拡大期	成熟期	再生期
事業の状況と成長のポイント	事業を軌道に乗せるために試行錯誤を繰り返す時期 ・新規顧客の開拓 ・ビジネスモデルの確立	成功パターンを一気に推し進める時期 ・顧客基盤の拡充 ・商品・サービスの標準化	既存顧客の満足向上と安定成長のため商品・サービスの複線化を図る時期 ・既存顧客の満足度向上 ・派生商品の取扱い	旧事業の成熟を受けて新たな価値創出を模索する時期 ・新商品・サービスの開発 ・ビジネスモデルの再構築
内部組織の状況と課題	・夢やビジョンに共感でき、自主自立で様々な業務を担える「同士」を集めることが必要	・事業拡大に伴い社員増、組織の分化による複雑性が進行 ・増大する社員のマネジメントが困難になり、管理者の力量が問われるようになる	・組織全体の統一が図り難くなり、社員の当事者意識が薄れる ・各事業や部署ごとに独自の文化が形成され、多様な価値観が社内に生まれる結果としてセクショナリズムが横行する	・新たなシステムの構築と旧来のやり方との間で摩擦が発生 ・事業環境の変化により、複雑な状況の中で、前例踏襲が横行する
人事の基本戦略	・夢やビジョン・志の共有 ・役割に囚われない臨機応変な対応	・機能・階層の分化 ・権限移譲と現場の自立 ・評価基準の明確化	・ミッション・ビジョン等、アイデンティティーの再浸透 ・自部署最適からの脱却 ・評価基準の再構築	・危機感の醸成 ・過去慣性からの脱却 ・チャレンジに対する賞賛
	動く人材づくり	**動かす人材づくり**	**描く人材づくり**	

▌KFS（重要成功要因）から、 人事課題を考える

　アンゾフマトリクスにおいて最初に確認すべきは、自社の経営戦略がどの方向を目指しているのかという点です。次に確認すべきは、それぞれの方向における、KFS（Key Factor for Success：重要成功要因）は何かという点です。KFSとは、その戦略を成功させる上で、特に重要と思われるやるべき施策です。

　KFSを実行するのは人なので、選択される戦略とKFSがわかれば、そのKFSを実現するための人的課題（人事領域における課題）が見えてきます。それをまとめたのが、次図です。

　たとえば、「市場深耕」戦略の経営戦略だとします。KFSは、業種、業態によっても異なるので一概にはいえませんが、ここでは例として、「迅速な拡販」「好事例の早期展開」と設定されたとします。すると、KFSから導かれる人的課題は、それを実現するために「ハイパフォーマーの量産」「生産性の向上」を図ることとなるでしょう。

　同様に、「新製品・新サービス開発」戦略を採る場合なら、KFSは「クロスセル強化」「差別化の（新たな付加価値の）創造」となり、それを実現するための人的課題は、「顧客需要の把握・提案力の強化」「商品、サービス企画開発力の強化」となります。つまり、人事的にはそれらに貢献できる人材の増強を目指すことになります。

　このようにして、経営戦略から、人事戦略を絞り込んでいくのです。

戦略とは、言葉を変えると「やること」と「やらないこと」を決めることなので、このすべての象限に取り組むというのでは、戦略とはいえません。いずれかを選択するのが原則です。

KFS（重要成功要因）別人的課題の例

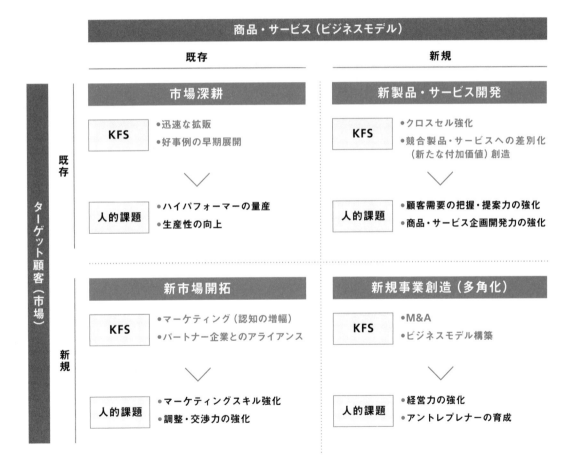

商品・サービス（ビジネスモデル）

| 既存 | 新規 |

市場深耕

- KFS
  - 迅速な拡販
  - 好事例の早期展開

↓

- 人的課題
  - ハイパフォーマーの量産
  - 生産性の向上

新製品・サービス開発

- KFS
  - クロスセル強化
  - 競合製品・サービスへの差別化（新たな付加価値）創造

↓

- 人的課題
  - 顧客需要の把握・提案力の強化
  - 商品・サービス企画開発力の強化

新市場開拓

- KFS
  - マーケティング（認知の増幅）
  - パートナー企業とのアライアンス

↓

- 人的課題
  - マーケティングスキル強化
  - 調整・交渉力の強化

新規事業創造（多角化）

- KFS
  - M&A
  - ビジネスモデル構築

↓

- 人的課題
  - 経営力の強化
  - アントレプレナーの育成

ターゲット顧客（市場）　既存　新規

STEP ZERO
STEP 1.
STEP 2.
STEP 3.
STEP 4.
STEP 5.
LAST STEP

4　組織構造の把握

　経営戦略の次は、組織構造の把握です。

　組織構造とは、簡単にいえば社長から末端の平社員まで、すべての要素を含めた「詳細な組織図」のことだとイメージすればいいでしょう。現状の組織構造＝詳細な組織図を描くことは簡単ですが、しかし、それだけを把握しても意味はありません。

▌理想の組織図で重点強化すべき人材が「見える化」できる

　組織構造の把握においてポイントとなるのは、「理想の組織図」をつくることです。理想の組織図と現在の組織図を比べれば、現状の組織図に欠けている箇所（部門や機能）、あるいは不要な箇所、さらには縦横のつながり方の変化などが「見える化」できます。

　そして、現在は欠けているけれど、未来には設置したい箇所には「もし今それをつくるとしたら誰を責任者にできるか」を考えて、仮に設定してみます。責任者が埋まらない部分があれば、まさにその部分の人材こそ、これから強化、あるいは補充していかなければならない重点人材だということになります。さらには、何年くらいでこの理想の組織図へ

と、移行していければいいか、時間軸も想定します。

　すでにお気づきだと思いますが、ここでも戦略的な思考、つまり「あるべき姿（To be）」と「現状（As is）」の双方向から考え、そのギャップを埋めるという考え方が用いられています。

現状組織の分析&理想の組織のつくり方

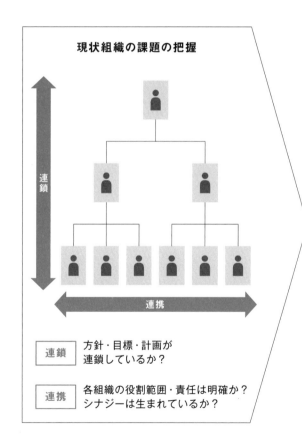

現状組織の課題の把握

連鎖

連携

| 連鎖 | 方針・目標・計画が連鎖しているか？ |
| 連携 | 各組織の役割範囲・責任は明確か？シナジーは生まれているか？ |

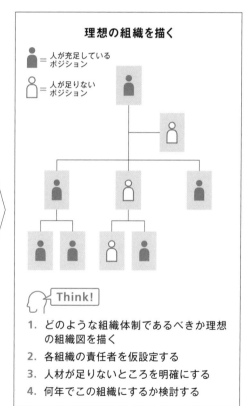

理想の組織を描く

= 人が充足しているポジション

= 人が足りないポジション

Think!

1. どのような組織体制であるべきか理想の組織図を描く
2. 各組織の責任者を仮設定する
3. 人材が足りないところを明確にする
4. 何年でこの組織にするか検討する

STEP ZERO

STEP 1.

STEP 2.

STEP 3.

STEP 4.

STEP 5.

LAST STEP

5　あるべき人材マネジメントの設定

　ここまで、会社を取り巻く外部環境、戦略、組織を把握してきました。それらを踏まえて、経営戦略を実現するための、人材マネジメントの「あるべき姿」を設定します。

人材マネジメントとは

　人材マネジメントとは、採用、配置、育成、評価、報酬、退職といった一連のプロセスをどのように回しているのかという、サイクルの総称です。

　この人材マネジメントのサイクルを実践していく中で、求める人材像を育成し、その企業ごとの組織文化が醸成されていきます。そこで、求める人材像の育成と組織文化の醸成を実現するために、こんな人材を採用したい、こんな配置、育成、評価ができればいい、といった各点の理想を明確にしていきます。

　ただし、明確にするとはいっても、この段階での「あるべき姿の設定」は、たとえば「採用基準にはこれとこれを入れる」とか「報酬はいくらにする」といった、具体的で詳細なルールや制度にまで落とし込んだものではありません。

　たとえば図の、【⑦報酬】であれば「成果の高いほうにより多くの報酬が払われている。成果の低いほうは合理的な基準で報酬が下がる」といったくらいの、抽象度が高めのあるべき姿を設定します。

　（それらを具体的な制度に落とし込むのは、STEP3以降の話になります）

あるべき人材マネジメントと対比させて現状を把握する

　あるべき人材マネジメントの設定が済むと、そこから対比して、現状の人材マネジメントを把握できるようになります。

　たとえば先の【⑦報酬】ならば、「成果に大きな差が出ても、報酬にはあまり大きな差がつかない。また、期待より成果が低くても、原則的に報酬は下がらない」制度として、現状が把握されるということです。この現状の把握は、あくまであるべき姿としての人材マネジメントが設定できたからこそ、このように把握できたというところがポイントです。つまり、いきなり現状の人材マネジメントを把握しようとしても、うまくいかないということです。

人材マネジメント

① 人材像

事業戦略を実現するためにどのような人材（＝コア人材）が必要となるか、それに対し現状の人材はどのような状態か、を検討する

③ 採用

コア人材を創るためにどのように採用を行うべきか、それに対し現状はどのような状態か、を検討する

④ 配置・異動

コア人材を創り、活躍させるためにどのような配置・異動を行うべきか、それに対し現状はどのような状態か、を検討する

⑤ 育成

コア人材を創るためにどのような教育・育成施策を行うべきか、それに対し現状はどのような状態か、を検討する

② 風土文化

コア人材を創り、活躍させるためにどのような組織風土であるべきか、それに対し現状はどのような状態か、を検討する

⑧ 退職

コア人材を活躍させるためにどのように代謝（退職）を行うべきか、それに対し現状はどのような状態か、を検討する

コア人材を活躍させるためにどのように処遇を行うべきか、それに対し現状はどのような状態か、を検討する

⑦ 報酬

コア人材を創り、活躍させるためにどのように評価を行うべきか、それに対し現状はどのような状態か、を検討する

⑥ 評価

6 人材マネジメントの問題設定と 人事制度の課題抽出

　「あるべき人材マネジメント」を設定し、「現状の人材マネジメント」を把握すると、両者の間にあるギャップが見えてきます。そのギャップが、「人材マネジメントの問題」です。

■ **人材マネジメントの問題が 制度改定の立ち戻る場所となる**

　この「人材マネジメントの問題」を解決することが、人事制度改定のブレイクダウンされた目的となります。そのため、「人材マネジメントの問題」には、制度改定の進行過程において何度も立ち返ることになります。たとえば、制度改定の中で、メンバー間の意見が割れたとき、「そもそもなんで制度改定するんだっけ？　この"問題"を解決するためだよね。それなら、これよりもこれのほうが適しているだろう」と参照する"立ち戻る場所"になるからです。

■ **問題から人事制度課題を抽出し、 改定の方向性を定める**

　人材マネジメントの問題は、現状の人事制度に起因して生み出されているものです。そこで、人材マネジメントの問題設定を通じて、人事制度における課題を抽出します。その課題に対してどのような方向で改定を図り、何を実行するのかを考えるのが「人事制度改定の方向性設定」です。

　ここまできて、人事制度改定の全体フレームの前半部が終了したことになります。

7 改定の方向性設定のポイント

本STEPで解説したフレームワークで制度改定の前提となる共通認識を醸成することを、私たちは「錦の御旗を掲げる」と称しています。

「錦の御旗」とは、「トップがやれといっているのだから、人事制度改定をやらなければならない」という社内権力の話では、まったくありません。

そうではなく、大局的に見たとき、事業の持続的な発展成長にとって「どういう人材マネジメントが望ましいのか」ということを、全員にロジカルに納得してもらうということです。そして、これを具体的にいえば、「会社としてどういう人材により多く報いていくのか」ということです。平たくいえば、「こういう人が一番高い給料をもらえるし、出世もできる組織に変えよう」ということです。

それを定めていくのが、本STEPでもあります。

■「錦の御旗」を掲げることで、誰に納得してもらうのか

そして、ここが重要なポイントですが、錦の御旗を掲げるときには、「会社として報いたい人」が、もっとも深く人事制度改定の必要性を納得してくれるようにすることです。

人事制度改定は、社内の経営資源の配分方法や配分割合の変更と捉えることもできます。経営戦略を変え、経営資源の配分を変えることで、中長期的にそのパイ全体が大きくなれば、全員に利益がもたらされるはずです。しかし、短期的に見れば、経営資源配分の変更により割を食う人、痛みを受ける人が必ず出ます。

不利益を被る人は、どこまでいっても、心の底では納得しません。しかし、そういう人たちを納得させる必要はないのです。納得してもらう必要があるのは、あくまで会社として報いたい人たちなのです。

こう書くと、とても冷酷だと思われるかもしれません。もちろん、不利益を被る人に、心理的なケアをするといった配慮はあってしかるべきでしょう。しかし、現実に経営資源に限りがあり、その配分を変える以上、納得する人としない人が出るという事実を変えることはできません。逆にいうと、そういう覚悟がないのなら、人事制度改定はできない、ということです。

図解 人材マネジメントの現状分析・改定の方向性検討フレーム

> **戦**略的に人事制度改定の方向性を導き出すために、自社の置かれた外部・内部環境や人材マネジメントのあるべき姿とそのギャップを把握し、人事制度の制度上・運用上双方からの課題を分析する。

❶ 外部環境の把握

サブシート①を使って、「人事」に関わる政治や社会などのマクロ環境の動向や、採用や処遇などのミクロ（業界）環境の動向をまとめる。

❷ 経営戦略の把握

サブシート②を使って、自社の現状の成長ステージや事業戦略の重点がどこにあるかを確認し、人材マネジメントの前提となる経営戦略を把握する。

❸ 組織構造の把握

サブシート③を使って、自社の現状の組織課題を確認すると共に、理想の組織を描き、そこから見えてくる組織・人材課題を把握する。

❹ 人材マネジメントの把握

サブシート④を使って、上記1～3を踏まえた上で、求める人材像と風土文化、それを生み出す採用・育成・評価・報酬・退職などの人材マネジメントのあるべき姿と現状を把握する。

❺ 一言　問題点まとめ

サブシート①～④に基づき、現在の人事制度を分析するための前提となる現状の人材マネジメントの状態と問題点を一言で要約する。

❻ 等級・評価・報酬制度の課題分析

サブシート⑤を使って、人事制度の主要な構成要素となる等級・評価・報酬制度に対する現状の制度上・運用上の課題を分析する。

❼ 一言　課題・方向性まとめ

サブシート⑤で分析した現状の人事制度課題とそこから導き出される人事制度改定の方向性を一言で要約する。

❽ 改定の方向性

上記7で記した人事制度改定の方向性に従って、等級制度、評価制度、報酬制度、それぞれどのように改定していくべきか、重要となるポイントを検討し記載する（サブシート⑤でチェックした項目が主たる改定のポイントとなる）。

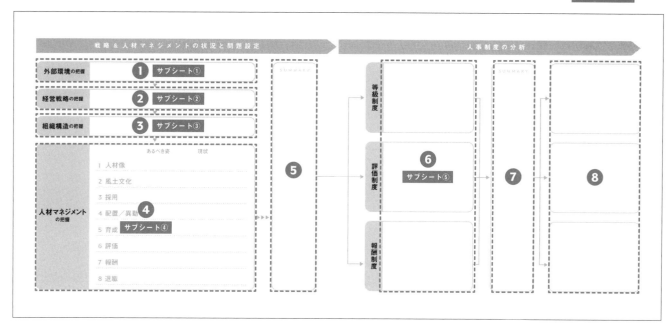

戦略 & 人材マネジメントの状況と問題設定

人事制度の分析

外部環境の把握 **1** サブシート①

経営戦略の把握 **2** サブシート②

組織構造の把握 **3** サブシート③

SUMMARY

5

人材マネジメント の把握

あるべき姿　現状

1 人材像

2 風土文化

3 採用

4 配置／異動 **4**

5 育成 サブシート④

6 評価

7 報酬

8 退職

等級制度

評価制度 **6** サブシート⑤

報酬制度

SUMMARY

7

8

次ページから
サブシートの説明を
はじめます

図解 人材マネジメントの現状分析・改定の方向性検討フレーム サブシート① 外部環境の把握

「**人**事」に関わるマクロ環境とミクロ（業界）環境を把握し、自社の人材マネジメントのあるべき姿を検討するための前提となる外部環境の動向をまとめる。

❶ 人事に関わるマクロ環境分析

「政治」は、たとえば政府による女性活躍・シニア人材活用を促進する動きや、国際的な人権配慮への規制や人的資本に関わる情報開示の強化など、近年の法改正や規制の動向を把握し人事に関わる政治的な変化を記載する。

「経済」は、たとえば国内の平均賞与支給率や、ベア・定期昇給などの賃金の引き上げ状況など、近年の所得水準や所得者層の推移を把握し人事に関わる経済的な変化を記載する。

「社会」は、たとえば国内の少子高齢化の加速、副業・リモートワークなどの働き方改革の促進など、近年の仕事観・働き方の変容や労働者の人口推移などを把握し人事に関わる社会的な変化を記載する。

「技術」は、たとえば人材管理・活用を促進するタレントマネジメントシステムの台頭や在宅ワークを可能にするコミュニケーションツールの拡充など、近年の人事関連技術・ツールの動向を把握し人事に関わる技術的な変化を記載する。

❷ 人事に関わるミクロ（業界）環境分析

「採用動向」は、たとえば新卒一括採用から通年採用へのシフトや、デジタル人材の積極的な採用強化など、主要な業界内・ライバル企業の採用に関わる動向を記載する。

「育成動向」は、たとえば選抜型研修の実施による次世代リーダー育成促進や女性管理職増強に向けた取組みなど、主要な業界内・ライバル企業の人材育成に関わる動向を記載する。

「処遇動向」は、たとえば新卒初任給のアップやマネージャー人材に対する平均的な報酬支給額など、主要な業界内・ライバル企業の賃金・賞与などの処遇に関わる動向を記載する。

「その他」は、たとえば副業・社内独立制度の導入や定年延長の取組みなど、上記に当てはまらない主要な業界内・ライバル企業の動向を記載する。

❸ 人事に関わる外部環境のまとめ

上記1～2で記したマクロ・ミクロ（業界）の環境分析に基づき、自社の人材マネジメントに関わる外部環境がどのような状態なのかを一言で要約する。

		政治
		法改正や規制の動向など人事に関わる政治的な変化を記載。

人事に関わる
マクロ
環境分析

社会
働き方の変容や労働者の人口推移など人事に関わる社会的な変化を記載。

❶

経済
所得水準や所得者層の推移などの人事に関わる経済的な変化を記載。

技術
バーチャルオフィスや人材管理システムなど人事に関わる技術的な変化を記載。

採用動向
業界内・ライバル企業の採用に関わる動向を記載。

人事に関わる
ミクロ（業界）
環境分析

育成動向
業界内・ライバル企業の人材育成・教育施策などに関わる動向を記載。

❷

処遇動向
業界内・ライバル企業の賃金・賞与などの処遇に関わる動向を記載。

その他
業界内・ライバル企業の上記項目以外の注目すべき動向を記載。

▽ **❸** ▽

人材マネジメントの現状分析・改定の方向性検討フレーム サブシート② 経営戦略の把握

自社の現状の成長ステージや事業戦略の重点がどこにあるかを確認し、人材マネジメントの前提となる経営戦略の状態をまとめる。

❶ 成長ステージの把握

【P29「成長ステージ別の人事の基本戦略」参照】

　自社の事業の成長ステージについて、「拡大期」「成熟期」「再生期」の該当するステージの枠を囲み、囲みの中にそのように判断した根拠となる事実を簡潔に記載する。なお、複数事業がある場合は、主力となる事業を優先して把握する。

❷ 戦略重点の把握

【P31「KFS（重要成功要因）別人的課題の例」参照】

　まずは、「顧客」「商品・サービス」についてそれぞれ何を「既存」「新規」とするのか定義を検討し記載する。そして4つの象限に対して現状の事業戦略がどの象限に重点が置かれているのか枠を囲み、囲みの中にそのように判断した根拠となる事実を簡潔に記載する。なお、すべての象限を埋める必要はなく、むしろ戦略の取捨選択としていずれかの象限に集中しているほうが望ましい。

❸ 自社の経営戦略の状態まとめ

　上記1〜2で記した成長ステージ・戦略重点に基づき、自社の事業や経営戦略の展開がどのような状態なのかを一言で要約する。

> もし、戦略の重点が不明瞭であれば、それを前提に"戦略が描ける人材"をつくることが人材課題であるとわかるのでそれでヨシ！人事は戦略はつくれないが、戦略をつくれる人はつくれるのだ！

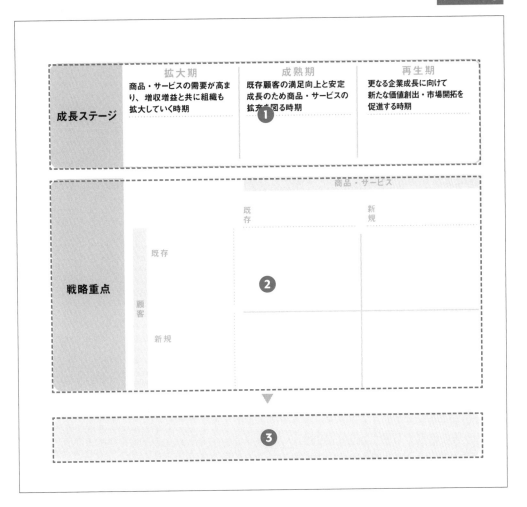

成長ステージ

拡大期	成熟期	再生期
商品・サービスの需要が高まり、増収増益と共に組織も拡大していく時期	既存顧客の満足向上と安定成長のため商品・サービスの拡充を図る時期 ❶	更なる企業成長に向けて新たな価値創出・市場開拓を促進する時期

戦略重点

商品・サービス

既存 / 新規

顧客　既存 / 新規

❷

❸

図解 人材マネジメントの現状分析・改定の方向性検討フレーム サブシート③ 組織構造の把握

自社の現状の組織課題を確認すると共に、理想の組織を描き、そこから見えてくる組織・人材課題を把握する。

❶ 現状の組織と課題の把握

現状の組織図を記載した上で、現状の組織体制や運営における「連鎖」「連携」の観点からみた問題を把握する。

「連鎖」は、たとえば全社から部署までは戦略が落とし込まれているが現場まで浸透できていない状態や、新規事業領域への強化が重点となっているもののそれを遂行する組織体制になっていないなど、組織の縦の整合性を把握し、課題を記載する。

「連携」は、たとえば営業部門と開発部門、製造部門と調達部門などの組織機能の連携不足や、既存営業と新規営業のカニバリゼーションなど、組織の横の整合性を把握し、課題を記載する。

❷ 理想の組織から見た課題の把握

現状の事業戦略を鑑みた際に本来どのような組織体制であるべきか、また中長期的な事業ビジョンを鑑みた際に将来どのような組織体制になっているべきかを描き、それを現組織と比較したときのギャップを把握し記載する。

❸ 現状 及び あるべき姿から見た 組織構造の状態まとめ

上記1〜2で記した組織構造の課題に基づき、自社の組織がどのような状態なのかを一言で要約する。

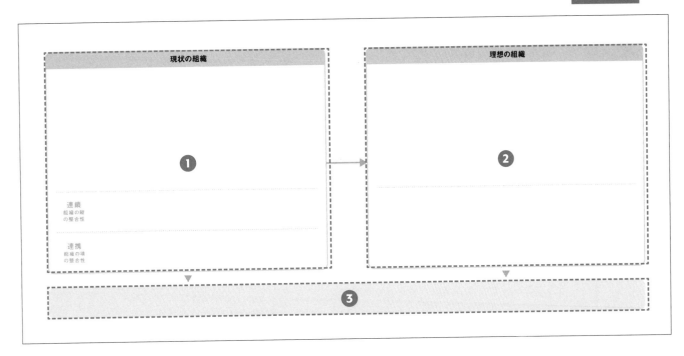

図解 人材マネジメントの現状分析・改定の方向性検討フレーム サブシート④ 人材マネジメントの把握

こ れまでの人事の外部環境把握、経営戦略・組織構造の状態把握を踏まえ、今後どのような人材が求められるか、そのような人材をつくっていくために、どのような人材マネジメントを行っていけばよいか、各あるべき姿と現状のギャップを把握する。

❶ 求める人材像と現状

特に自社の経営・組織構造の状態を踏まえて、さらなる自社の事業成長に向けて、今後どのような人材が求められるか（「求める人材像」）を検討する。また、その人材像に対し、現在の人材像がどのような状態かを記載する。なお、この差異が今後強化していかなくてはならない主要な人材課題となる。

❷ あるべき風土文化と現状

上記「求める人材像」に合致した人材を輩出するためには、たとえば個人主義的か全体主義的か、結果重視かプロセス重視か、挑戦的か堅実的かなど、どのような風土文化であるべきかを検討する。また、その風土文化に対し、現在がどのような状態かを記載する。

これら「求める人材像」や「風土文化」に基づき、これを醸成するための各種人材マネジメント機能がどのようにあるべきか次の項目以降で検討する。

❸ 採用のあるべき姿と現状

まずは新卒、中途など採用において、どのような人材を、どのように採用するべきか、あるべき姿を検討する。また、その採用のあるべき姿に対し、現在がどのような状態かを記載する。

❹ 異動・配置のあるべき姿と現状

ジョブローテーション、人材の昇格・登用などにおいて、どのような考え方で、どのような制度・施策を設計・運用するべきか、あるべき姿を検討する。また、その配置・異動のあるべき姿に対し、現在がどのような状態かを記載する。

❺ 育成のあるべき姿と現状

Off-JTやOJTにおいて、どのような人材に対し、どのような育成施策を実行するべきか、あるべき姿を検討する。また、その育成のあるべき姿に対し、現在がどのような状態かを記載する。

❻ 評価のあるべき姿と現状

人材の評価において、何を重点に評価を行い、

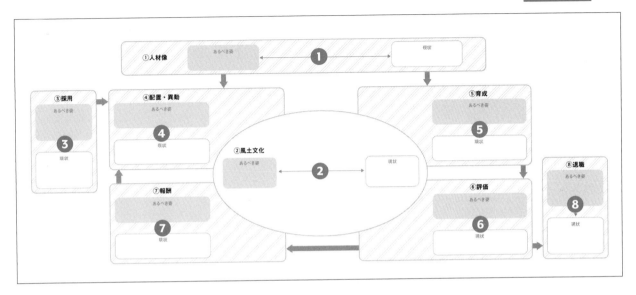

どのような考え方で評価を運用・活用すべきか、あるべき姿を検討する。また、その評価のあるべき姿に対し、現在がどのような状態かを記載する。

❼ 報酬のあるべき姿と現状

どのような人材、どのような成果・行動に報いたいのか、どのような考え方で報酬を決定すべきか、あるべき姿を検討する。また、その報酬のあるべき姿に対し、現在がどのような状態かを記載する。

❽ 退職（代謝）のあるべき姿と現状

人材の退職・代謝をどのような考え方・仕組みで実施していくべきか、また退職した人材をどのように扱うべきか、あるべき姿を検討する。また、

その退職（代謝）のあるべき姿に対し、現在がどのような状態かを記載する。

> 人材マネジメントの実態を把握するために、無記名によるサーベイ調査を行い、数値的に状況を可視化することも有益である。また、ここで得た数値データは、その後も定期的に変化をモニタリングすることで、今後実施する人事制度改定を含む各種施策の効果検証としても活用できる。

現 状の人材マネジメントの問題点を踏まえた上で、その基盤となる人事制度の状況について、制度上・運用上の課題をチェックし、それぞれの改定課題を整理する。

❶ 各制度のチェック項目確認

　等級制度、評価制度、報酬制度における、それぞれの制度上、運用上の課題をチェック項目に従い確認する。
　人事制度は、たとえば制度上は成果とプロセスを区分して評価をする仕組みになっているが、運用上は分けて評価していないとか、制度上は降格の仕組みはあるが、運用上は適用していないなど、制度上と運用上の両面で課題を把握することが重要となる。

❷ 各制度の課題整理

　上記チェック項目に対して、課題があるとチェックした項目内容を中心に、その根拠となる「事実」と課題があると判断した「理由」を記載する。
（例）
〈**チェック項目**〉
✔等級数：組織体制や社員のキャリアデベロップメントに合った等級数が設定されているか？

〈**課題整理**〉
新価値創出・新領域の開拓を牽引する専門人材の

受け皿が未整理で、⇐**事実**
既存事業の組織体制に合わせた等級数に留まっている。⇐**理由**

業務改革について述べられた書籍などではよく「答えは現場にある」などと書かれています。確かに、現場のヒアリングは大切ですが、あるべき姿や問題の仮説がないままで、やみくもに現場の声を集めてもカオスにしかなりませんぞ！

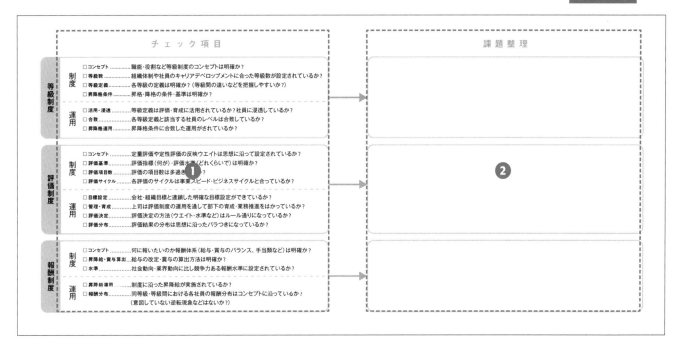

		チェック項目	課題整理
等級制度	制度	□コンセプト ....職能・役割など等級制度のコンセプトは明確か？ □等級数 ....組織体制や社員のキャリアデベロップメントに合った等級数が設定されているか？ □等級定義 ....各等級の定義は明確か？（等級間の違いなどを把握しやすいか？） □昇降格条件 ....昇格・降格の条件・基準は明確か？	
	運用	□活用・浸透 ....等級定義は評価・育成に活用されているか？社員に浸透しているか？ □合致 ....各等級定義と該当する社員のレベルは合致しているか？ □昇降格運用 ....昇降格条件に合致した運用がされているか？	
評価制度	制度	□コンセプト ....定量評価や定性評価の反映ウエイトは思想に沿って設定されているか？ □評価基準 ....評価指標（何が）・評価水準（どれくらいで）は明確か？ □評価項目数 ....評価の項目数は多過ぎないか？ □評価サイクル........各評価のサイクルは事業スピード・ビジネスサイクルと合っているか？	
	運用	□目標設定 ....会社・組織目標と連鎖した明確な目標設定ができているか？ □管理・育成 ....上司は評価制度の運用を通して部下の育成・業務推進をはかっているか？ □評価決定 ....評価決定の方法（ウエイト・水準など）はルール通りになっているか？ □評価分布 ....評価結果の分布は思想に沿ったバラつきになっているか？	
報酬制度	制度	□コンセプト ....何に報いたいのか報酬体系（給与・賞与のバランス、手当類など）は明確か？ □昇降給・賞与算出...給与の改定・賞与の算出方法は明確か？ □水準 ....社会動向・業界動向に比し競争力ある報酬水準に設定されているか？	
	運用	□昇降給運用 ....制度に沿った昇降給が実施されているか？ □報酬分布 ....同等級・等級間における各社員の報酬分布はコンセプトに沿っているか！ 　　　　　　　　　　（意図していない逆転現象などはないか？）	

49

人材マネジメントの現状分析・改定の方向性検討フレーム

メインシート

戦略 & 人材マネジメントの状況と問題設定

外部環境の把握

▼

経営戦略の把握

▼

組織構造の把握

▼

人材マネジメントの把握

SUMMARY

	あるべき姿	現状
1 人材像		
2 風土文化		
3 採用		
4 配置／異動		
5 育成		
6 評価		
7 報酬		
8 退職		

▶▶▶

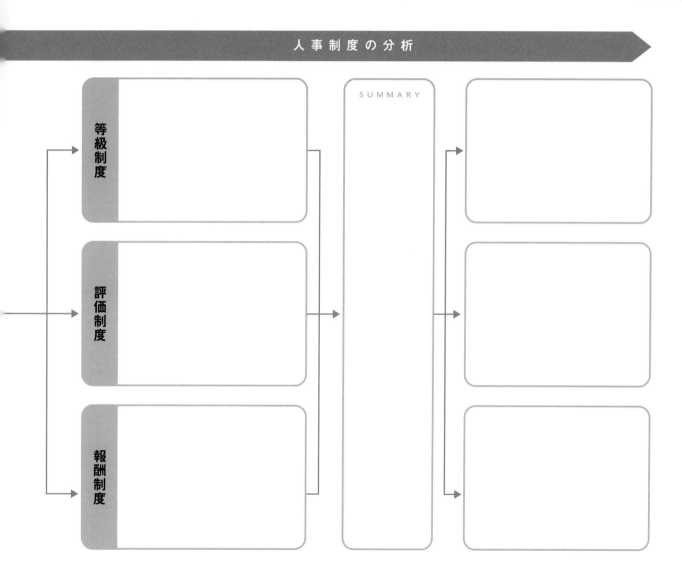

人事制度の分析

等級制度

評価制度

報酬制度

SUMMARY

人材マネジメントの現状分析・改定の方向性検討フレーム 記載例

メインシート

戦 略 ＆ 人 材 マ ネ ジ メ ン ト の 状 況 と 問 題 設 定

外部環境 の把握	労働人口が減少する中で、優秀人材の獲得・確保のために処遇改定・働き方改革の促進など「選ばれる会社」への取組み強化が求められる状況
経営戦略 の把握	既存ビジネスモデルが踊り場を迎える中で、新価値の創出・新領域の開拓を具現化するためのビジネスプラン・社内体制の再構築が求められる状態
組織構造 の把握	現事業最適で設計された組織体制から新価値の創出・新領域の開拓を促進する組織体制へと再編すると共に、各機能の戦略性強化が求められる状態

人材マネジメント の把握

		あるべき姿	現状
1	人材像	広い視点をもったイノベーティブ人材	短期視点のオペレーティブ人材
2	風土文化	創造・挑戦の奨励個性の活躍促進	保守・受身的目立たない方が得
3	採用	中途採用の積極化、手法の多様化	新卒一括採用画一的な手法
4	配置／異動	全社最適、戦略的な配置転換	部分最適、場当たり的な配置転換
5	育成	優秀人材の計画的な輩出	階層教育を中心とした画一的育成
6	評価	活躍を促す仕組みとしての活用	やってもやらなくても同じ結果
7	報酬	各人の貢献などに応じた多様な報酬	年功序列的な一律的報酬
8	退職	アルムナイネットワークなどの構築	優秀人材の流出について放置

▶▶▶

SUMMARY

既存事業に最適化された仕組みとなっており、成長戦略を具現化する人材・風土醸成を促進する仕組みが未整備

人 事 制 度 の 分 析

等級制度

- ✔ 新価値創出・新領域の開拓を牽引する専門人材の受け皿が未整備。
- ✔ 等級定義が不明瞭で若手のキャリアデベロップメントの指針、各人の役割・職責を示せていない。
- ✔ 上位階層を中心に不活性な人材が滞留しており、降格運用が機能していない。

評価制度

- ✔ 定量・定性のウエイトが階層一律となっている。
- ✔ 定性評価項目が多すぎて結果的に形骸化している。
- ✔ 目標設定が曖昧で期中の更新・進捗管理も未対応。
- ✔ 評価結果の分布が中央化し、特に優秀者の不満を生む温床になっている。

報酬制度

- ✔ 年功的・属人的な手当が多く変動性が少ない。
- ✔ 高度専門人材に魅力的な報酬水準になっていない。
- ✔ 活躍・成長に応じてメリハリを出せていない。
  降給が運用できておらず下方硬直性が強い状態となっている。

SUMMARY

成長戦略を描き・動かす人材を獲得・育成するために
各人の活躍・成長を促進するプラットフォームとなる人事制度へ刷新する

- ● 各人の活躍・成長状態に応じた格付・運用ができる等級コンセプト・定義の再設計。
- ● 専門職コースの設計・強化による高度専門人材の受け皿づくり。
- ● 昇降格運用のフレキシブル強化・厳格運用強化。

- ● 各階層の特性・処遇に合わせた評価ウエイトの再設計。
- ● 定性評価項目の見直し。
- ● メリハリある運用を実現する運用コンセプト、運用ルールの見直し。
- ● 評価者研修・評価ツールの強化による運用レベル向上。

- ● 高度専門人材に魅力ある報酬水準が実現できるレンジ再設計。
- ● 年功的な運用を排したフレキシブルな昇降給運用ルールの整備。
- ● 報奨金制度なども加味した挑戦を促すインセンティブの拡充。

人材マネジメントの現状分析・改定の方向性検討フレーム

サブシート① 外部環境の把握

人事に関わる **マクロ 環境分析**	**政治** 法改正や規制の動向など人事に関わる政治的な変化を記載。
	社会 働き方の変容や労働者の人口推移など人事に関わる社会的な変化を記載。
	経済 所得水準や所得者層の推移などの人事に関わる経済的な変化を記載。
	技術 バーチャルオフィスや人材管理システムなど人事に関わる技術的な変化を記載。

▼

採用動向
業界内・ライバル企業の採用に関わる動向を記載。

育成動向
業界内・ライバル企業の人材育成・教育施策などに関わる動向を記載。

人事に関わる
ミクロ(業界)
環境分析

処遇動向
業界内・ライバル企業の賃金・賞与などの処遇に関わる動向を記載。

その他
業界内・ライバル企業の上記項目以外の注目すべき動向を記載。

▼

人材マネジメントの現状分析・改定の方向性検討フレーム 記載例

サブシート① 外部環境の把握

人事に関わる
マクロ
環境分析

政治
法改正や規制の動向など人事に関わる政治的な変化を記載。

- ✓ 女性・シニア人材活用を促進する法規制の強化
- ✓ 賃金上昇や学び直し促進への施策強化
- ✓ SDGsなどに見られる人権への配慮強化
- ✓ ISO30414などに見られる人的資本の情報開示促進

社会
働き方の変容や労働者の人口推移など人事に関わる社会的な変化を記載。

- ✓ 少子高齢化の加速・労働人口の減少
- ✓ 副業・リモートワークなどに見られる働き方の多様化
- ✓ ワークライフバランスなどに見られる働く価値観の多様化
- ✓ 各種ハラスメントなど人権配慮への関心の高まり開示促進

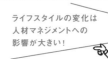

ライフスタイルの変化は
人材マネジメントへの
影響が大きい！

経済
所得水準や所得者層の推移などの人事に関わる経済的な変化を記載。

- ✓ 賃金の引き上げ率（ベア・定期昇給）の〇円／〇％増
- ✓ 平均賞与支給率〇％増
- ✓ 中間所得層の減少による2極化
- ✓ 人気職種(IT、DX人材など)についての人件費高騰

技術
バーチャルオフィスや人材管理システムなど人事に関わる技術的な変化を記載。

- ✓ 人事業務の効率化、人材管理・活用を促進するツール(HRテック)の多様化
- ✓ 通信技術の向上による働き方多様化への促進
- ✓ AI・RPA活用による単純作業の自動化

労働人口が減少する中で、優秀人材の獲得・確保のために、
処遇改定・働き方改革の促進など「選ばれる会社」への取組み強化が求められる状況

採用動向
業界内・ライバル企業の採用に関わる動向を記載。

- ✔ 通年採用によるグローバル人材採用への強化
- ✔ アルムナイネットワーク化による優秀人材との接点強化
- ✔ 理系人材の積極採用

育成動向
業界内・ライバル企業の人材育成・教育施策などに関わる動向を記載。

- ✔ 選抜研修の導入による次世代リーダー育成促進
- ✔ 女性管理職増強にむけた施策の推進
- ✔ 専門職コースの拡充によるスペシャリスト育成強化

処遇動向
業界内・ライバル企業の賃金・賞与などの処遇に関わる動向を記載。

- ✔ 初任給から〇百万円水準の報酬支給
- ✔ 〇〇職平均年収
  マネージャー　〇〜〇百万円
  スタッフ　〇〜〇百万円

その他
業界内・ライバル企業の上記項目以外の注目すべき動向を記載。

- ✔ 副業・社内独立制度などの導入による働き方多様化への取組み。
- ✔ 定年延長への取組み・シニア人材活用の促進

人事に関わる
ミクロ（業界）
環境分析

ベンチマーク企業を設定し
取組みを調べよう！

人材マネジメントの現状分析・改定の方向性検討フレーム

サブシート②　経営戦略の把握

成長ステージ	拡大期	成熟期	再生期
	商品・サービスの需要が高まり、増収増益と共に組織も拡大していく時期	既存顧客の満足向上と安定成長のため商品・サービスの拡充を図る時期	更なる企業成長に向けて新たな価値創出・市場開拓を促進する時期

戦略重点

商品・サービス

既存　　　　　　　　　　新規

顧客

既存

新規

▼

人材マネジメントの現状分析・改定の方向性検討フレーム 記載例

サブシート② 経営戦略の把握

| 成長ステージ | 拡大期
商品・サービスの需要が高まり、増収増益と共に組織も拡大していく時期 | 成熟期
既存顧客の満足向上と安定成長のため商品・サービスの拡充を図る時期 | 再生期
更なる企業成長に向けて新たな価値創出・市場開拓を促進する時期

A事業が踊り場を迎える中で、新価値の創出、グローバル展開など更なる成長にむけた模索をしている状態 |

戦略重点

商品・サービス

既存　A事業における主要取扱製品・サービス

新規　市場投入1年以内の新製品・サービス及び研究・開発中の製品・サービス

顧客

既存　A事業における国内を中心とした既存取引先

新規　アジア地域を中心とした海外取引先

顧客の上流課題と紐づけたソリューション提案強化によりベンダーからパートナーへ関係性をシフトする

戦略1 付加価値拡大

M&Aによる周辺製品の取り扱い拡充 AI・ビッグデータを活用した付加価値サービスの強化

戦略2 新領域の創出

長期経営戦略「Evolution 20XX」

主力製品□□を軸に、アジア地域における新規〇〇市場の開拓・需要取組み強化

重点を上手くつかむには既存、新規の定義が大切です!

▼

既存ビジネスモデルが踊り場を迎える中で、新価値の創出・新領域の開拓を
具現化するためのビジネスプラン・社内基盤の再構築が求められる状態

人材マネジメントの現状分析・改定の方向性検討フレーム

サブシート③　組織構造の把握

現状の組織

連鎖
組織の縦
の整合性

連携
組織の横
の整合性

▼

理想の組織

人材マネジメントの現状分析・改定の方向性検討フレーム 記載例

サブシート③　組織構造の把握

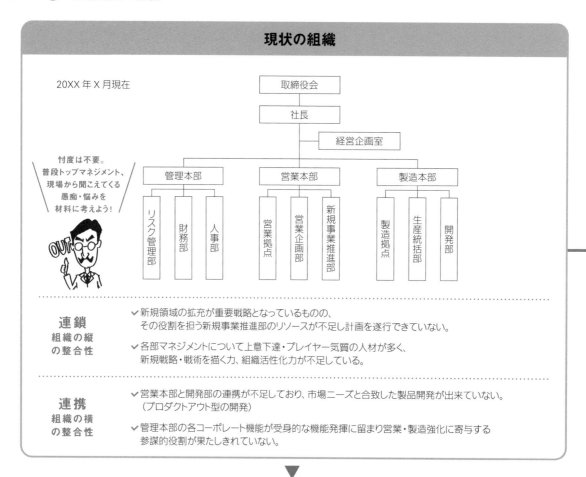

現状の組織

20XX 年 X 月現在

- 取締役会
- 社長
- 経営企画室
- 管理本部
  - リスク管理部
  - 財務部
  - 人事部
- 営業本部
  - 営業拠点
  - 営業企画部
  - 新規事業推進部
- 製造本部
  - 製造拠点
  - 生産統括部
  - 開発部

忖度は不要。
普段トップマネジメント、
現場から聞こえてくる
愚痴・悩みを
材料に考えよう！

連鎖
組織の縦
の整合性

- ✔ 新規領域の拡充が重要戦略となっているものの、
  その役割を担う新規事業推進部のリソースが不足し計画を遂行できていない。
- ✔ 各部マネジメントについて上意下達・プレイヤー気質の人材が多く、
  新規戦略・戦術を描く力、組織活性化力が不足している。

連携
組織の横
の整合性

- ✔ 営業本部と開発部の連携が不足しており、市場ニーズと合致した製品開発が出来ていない。
  （プロダクトアウト型の開発）
- ✔ 管理本部の各コーポレート機能が受身的な機能発揮に留まり営業・製造強化に寄与する
  参謀的役割が果たしきれていない。

▼

現事業最適で設計された組織体制から新価値の創出・新領域の開拓を
促進する組織体制へと再編すると共に、各機能の戦略性強化が求められる状態

すべての前提条件を除き
理想的な組織を描こう！

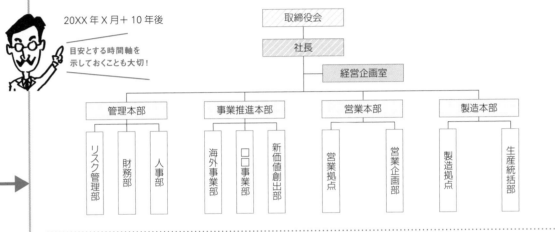

理想の組織

20XX 年 X 月＋ 10 年後

目安とする時間軸を
示しておくことも大切！

取締役会

社長

経営企画室

管理本部
- リスク管理部
- 財務部
- 人事部

事業推進本部
- 海外事業部
- □□事業部
- 新価値創出部

営業本部
- 営業拠点
- 営業企画部

製造本部
- 製造拠点
- 生産統括部

● 経営企画室、管理本部など事業を支えるコーポレート機能の戦略性を強化する。

● 事業推進本部の創設により、既存事業とは区分し、海外・新領域の拡充を強化する。

● 開発部を新価値創出部として営業系機能に紐づけることにより、
市場シーズ・ニーズと合致した製品開発を行えるようにする。

人材マネジメントの現状分析・改定の方向性検討フレーム

サブシート④　人材マネジメントの把握

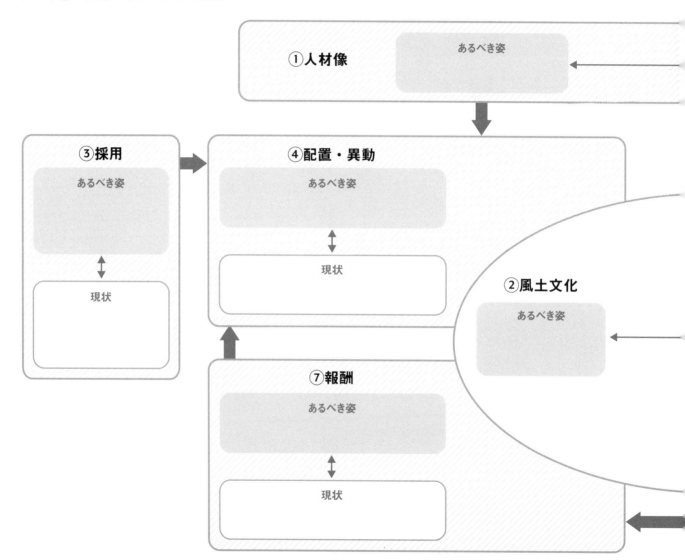

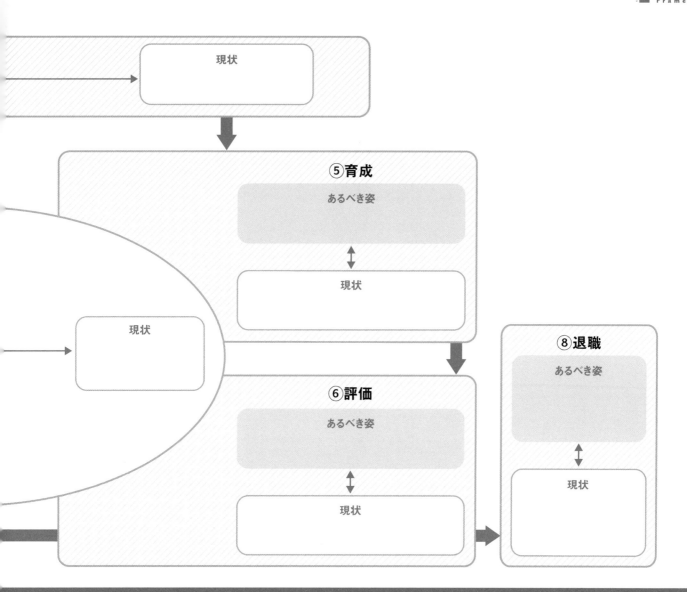

人材マネジメントの現状分析・改定の方向性検討フレーム 記載例

サブシート④　人材マネジメントの把握

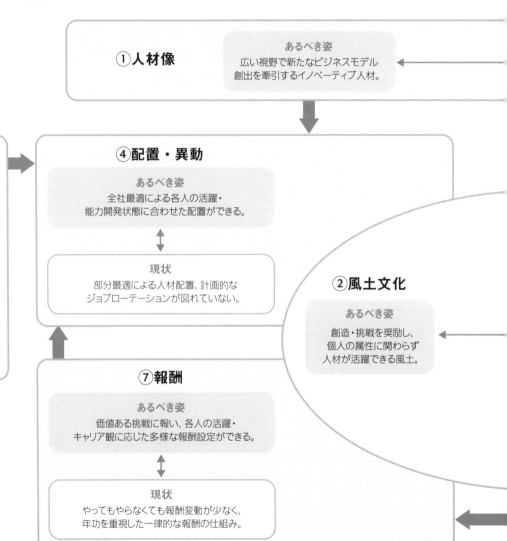

①人材像

あるべき姿
広い視野で新たなビジネスモデル
創出を牽引するイノベーティブ人材。

③採用

あるべき姿
新卒採用に加え、中途採用
も含む積極的な優秀人材の
確保と、それにむけた採用
チャネル・手法の多様化。

現状
新卒一括採用を中心とした
従来型の手法に留まり、人
材面での多様化を担保しき
れていない。

④配置・異動

あるべき姿
全社最適による各人の活躍・
能力開発状態に合わせた配置ができる。

現状
部分最適による人材配置、計画的な
ジョブローテーションが図れていない。

②風土文化

あるべき姿
創造・挑戦を奨励し、
個人の属性に関わらず
人材が活躍できる風土。

⑦報酬

あるべき姿
価値ある挑戦に報い、各人の活躍・
キャリア観に応じた多様な報酬設定ができる。

現状
やってもやらなくても報酬変動が少なく、
年功を重視した一律的な報酬の仕組み。

問題はつながっている。
「ここだけ」が問題
というこは少ない！

現状

現ビジネスモデルを効率よく遂行
する短期視点のオペレーティブ人材。

まずは「あるべき姿」を
設定しないと問題は
見えませんよ！

⑤育成

あるべき姿

新たな成長戦略を描き、
動かす優秀人材を計画的に輩出できる。

↕

現状

階層教育を中心とした画一的な
人材育成に留まっている。

現状

前例・効率重視で受身的・
保守的な風土、目立たない
ことをよしとする。

⑥評価

あるべき姿

各人の貢献・活躍を促し、戦略遂行・人材育成の
ツールとして活用できる。

↕

現状

メリハリがなく、戦略遂行や人材育成に
活用できていない形骸化した状態。

⑧退職

あるべき姿

アルムナイネットワークを構
築し、優秀人材との人脈を
継続できる。

↕

現状

優秀な人材の流出を放置し
た状態で、社外協力者とし
ての活用が図りきれていな
い。

人材マネジメントの現状分析・改定の方向性検討フレーム

サブシート⑤　人事制度の分析

チェック項目

等級制度

制度
- □ コンセプト .... 職能・役割など等級制度のコンセプトは明確か？
- □ 等級数 .... 組織体制や社員のキャリアデベロップメントに合った等級数が設定されているか？
- □ 等級定義 .... 各等級の定義は明確か？（等級間の違いなどを把握しやすいか？）
- □ 昇降格条件 .... 昇格・降格の条件・基準は明確か？

運用
- □ 活用・浸透 .... 等級定義は評価・育成に活用されているか？社員に浸透しているか？
- □ 合致 .... 各等級定義と該当する社員のレベルは合致しているか？
- □ 昇降格運用 .... 昇降格条件に合致した運用がされているか？

評価制度

制度
- □ コンセプト .... 定量評価や定性評価の反映ウエイトは思想に沿って設定されているか？
- □ 評価基準 .... 評価指標（何が）・評価水準（どれくらいで）は明確か？
- □ 評価項目数 .... 評価の項目数は多過ぎないか？
- □ 評価サイクル .... 各評価のサイクルは事業スピード・ビジネスサイクルと合っているか？

運用
- □ 目標設定 .... 会社・組織目標と連鎖した明確な目標設定ができているか？
- □ 管理・育成 .... 上司は評価制度の運用を通して部下の育成・業務推進を図っているか？
- □ 評価決定 .... 評価決定の方法（ウエイト・水準など）はルール通りになっているか？
- □ 評価分布 .... 評価結果の分布は思想に沿ったバラつきになっているか？

報酬制度

制度
- □ コンセプト .... 何に報いたいのか報酬体系（給与・賞与のバランス、手当類など）は明確か？
- □ 昇降給・賞与算出 ... 給与の改定・賞与の算出方法は明確か？
- □ 水準 .... 社会動向・業界動向に比し競争力ある報酬水準に設定されているか？

運用
- □ 昇降給運用 .... 制度に沿った昇降給が実施されているか？
- □ 報酬分布 .... 同等級・等級間における各社員の報酬分布はコンセプトに沿っているか？
（意図していない逆転現象などはないか？）

課 題 整 理

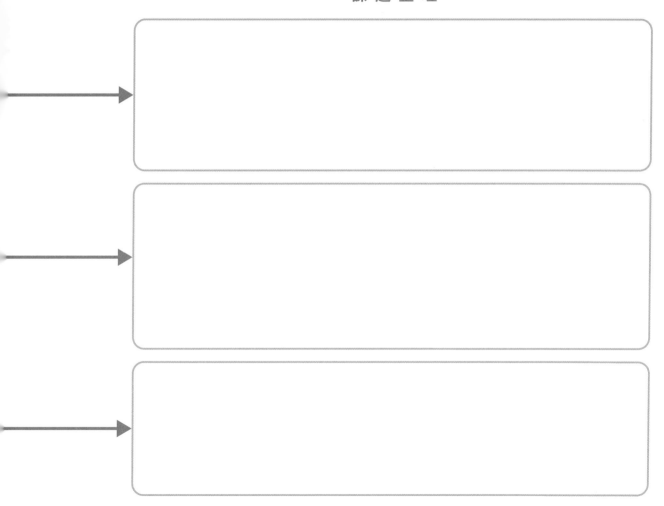

人材マネジメントの現状分析・改定の方向性検討フレーム _{記載例}

サブシート⑤　人事制度の分析

チェック項目

等級制度

制度
- ☐ コンセプト .... 職能・役割など等級制度のコンセプトは明確か？
- ☑ 等級数 .... 組織体制や社員のキャリアデベロップメントに合った等級数が設定されているか？
- ☑ 等級定義 .... 各等級の定義は明確か？（等級間の違いなどを把握しやすいか？）
- ☐ 昇降格条件 .... 昇格・降格の条件・基準は明確か？

運用
- ☐ 活用・浸透 .... 等級定義は評価・育成に活用されているか？社員に浸透しているか？
- ☑ 合致 .... 各等級定義と該当する社員のレベルは合致しているか？
- ☑ 昇降格運用 .... 昇降格条件に合致した運用がされているか？

評価制度

制度
- ☑ コンセプト .... 定量評価や定性評価の反映ウエイトは思想に沿って設定されているか？
- ☐ 評価基準 .... 評価指標（何が）・評価水準（どれくらいで）は明確か？
- ☑ 評価項目数 .... 評価の項目数は多過ぎないか？
- ☑ 評価サイクル .... 各評価のサイクルは事業スピード・ビジネスサイクルと合っているか？

運用
- ☑ 目標設定 .... 会社・組織目標と連鎖した明確な目標設定ができているか？
- ☑ 管理・育成 .... 上司は評価制度の運用を通して部下の育成・業務推進を図っているか？
- ☐ 評価決定 .... 評価決定の方法（ウエイト・水準など）はルール通りになっているか？
- ☑ 評価分布 .... 評価結果の分布は思想に沿ったバラつきになっているか？

報酬制度

制度
- ☑ コンセプト .... 何に報いたいのか報酬体系（給与・賞与のバランス、手当類など）は明確か？
- ☐ 昇降給・賞与算出 ... 給与の改定・賞与の算出方法は明確か？
- ☑ 水準 .... 社会動向・業界動向に比し競争力ある報酬水準に設定されているか？

運用
- ☑ 昇降給運用 .... 制度に沿った昇降給が実施されているか？
- ☑ 報酬分布 .... 同等級・等級間における各社員の報酬分布はコンセプトに沿っているか？
  （意図していない逆転現象などはないか？）

ここに書かれたことが
改定のポイントとなる！

課 題 整 理

- ✓既存事業の組織体制に合わせた等級数になっており、新価値創出・新領域の開拓を牽引する専門人材の受け皿が未整備。
- ✓等級定義が不明瞭で若手のキャリアデベロップメントの指針、各人の役割・職責を示しきれていない。
- ✓上位階層を中心に実際の貢献・活躍状態と合致していない不活性な人材が滞留している。降格の仕組みはあるものの、効果的な運用ができていない。

- ✓定量・定性のウエイトが階層に関わらず一律的な扱いになっており、等級特性の違いによる差異を示せていない。
- ✓定性評価項目が多すぎて結果的に形骸化している。
- ✓目標設定が曖昧で各等級に見合った妥当性検証や適宜適切な期中の目標変更対応もできていない。
- ✓上記定性評価、目標設定運用の状況から評価結果の分布も中央化しており、特に優秀者の不満を生む温床になっている。

- ✓年功的・属人的な手当が多く変動性が少ない。
- ✓高度専門人材を採用し、活躍を促進するための魅力的な報酬水準になっていない。
- ✓昇給については消極的な運用に留まり、活躍・成長に応じてメリハリを出せていない。また降給の仕組みはあるが運用できておらず下方硬直性が強い状態となっている。
- ✓上記の結果、年功序列的昇給となり本来報いるべき人材に分配しきれていない。

あらかじめ失敗が約束された プロジェクト

「**人**事制度改定を行いたいので、つきましてはサポートをお願いしたい」

ときには経営者から、また、ときには人事部長から、このような依頼を受けて、私たちは企業の人事制度改定のお手伝いをします。いうまでもないことですが、お引き受けした以上は、その会社にとってベストな結果が残せるよう、常に最大限の努力をします。

しかしときに、「このプロジェクトは、失敗しそうだ」と感じることがあるのも事実です。その典型が、プロジェクトが「合議制」であり「全会一致」ではないと採決しないこととされている会社の場合です。

各部署を代表するような部長や役員で構成された会議体の合議制、全会一致で、人事制度改定プロジェクトを進めようとすると、まず失敗します。

それは先にも述べたように、人事制度改定では、必ず不利益を被り、痛みを受ける人が出るためです。自分が、あるいは自分がトップを務める部署がそのような立場になるかもしれないことに、賛成できるわけがありません。そのため、「総論賛成、各論反対」となりやすく、少しもプロジェクトが進まないのです。

ときには、「人事制度改定プロジェクトで検討した結果、現在の制度をそのまま残すことになりました」という、笑い話のようなことも実際に起こります。

もちろん、検討の段階で意見が百出し、議論が沸騰するのは、まったく悪いことではありません。しかし、最終的に意思決定をするときには、全員一致ではなく、必ず「誰か」が決めることにしなければなりません。それは、社長かもしれませんし、プロジェクトリーダーになっている人事担当役員かもしれません。だれでもいいのですが、とにかく最終決定を下し、そしてその決定に対して責任を取れる人間が、プロジェクトには必要なのです。

私たちが人事制度改定のコンサルティングを受託する場合には、その点を確認して、必ず「最終決定権者を立ててください」とお願いします。しかし、中にはそうお願いしても、「いや、会社のルールとしてそれはできません。全会一致でやらせてください」といわれることがあるのです。

　そう断言されると、私たちにはどうしようもありません。中には、それで進めてうまくいくこともありますが、やはりうまくいかないことのほうが多くなります。

　せっかく高いコンサルティングフィーと時間をかけてプロジェクトに取り組んだのに、実にもったいないことだと思いますし、私たちとしても、徒労感だけが残る結果になります。

　ぜひ読者の皆さまには、このような「あらかじめ失敗が約束されたプロジェクト」にならないように注意してプロジェクトの体制を整えるようにしていただきたいと思います。

STEP ZERO

STEP 1.

STEP 2.

STEP 3.

STEP 4.

STEP 5.

LAST STEP

人材ビジョン・人事制度改定コンセプト

人事制度改定の判断軸をつくる

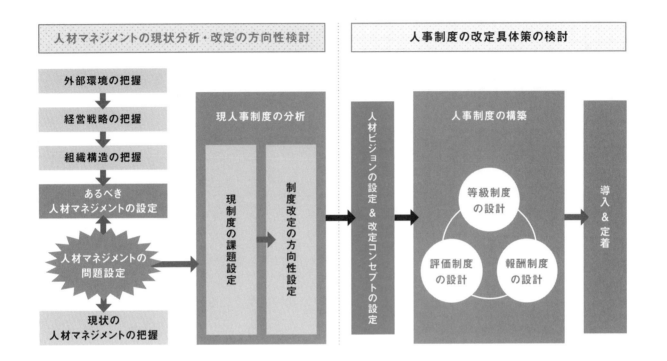

人材マネジメントの現状分析・改定の方向性検討

人事制度の改定具体策の検討

外部環境の把握

経営戦略の把握

組織構造の把握

あるべき
人材マネジメントの設定

人材マネジメントの
問題設定

現状の
人材マネジメントの把握

現人事制度の分析

現制度の課題設定

制度改定の方向性設定

人材ビジョンの設定 & 改定コンセプトの設定

人事制度の構築

等級制度の設計

評価制度の設計

報酬制度の設計

導入 & 定着

このSTEPで作成するフレームワーク

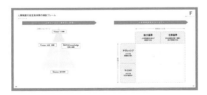

1 人事制度改定の判断軸をつくる

STEP1では、「人事制度改定の全体フレーム」の前半部分、「人事制度改定の方向性設定」までの流れを説明しました。

そこではまず、何のために人事制度改定をするのか（あるべき姿）という目的を明確にし、かつ、現状を正確に把握した上で、そのギャップを踏まえて、方向性を設定することとしました。

次に行うのが、あるべき姿を達成するためには、どのような人材が必要か、人事制度をどのようにするのかを規定することです。これを「人材ビジョン」「人事制度改定のコンセプト」と呼びます。それらを基準として、そのような人材を採用あるいは育成して増やしていくために、どんな人事制度（等級、評価、報酬）が必要なのか、という順番で考えていきます。

つまり、「人材ビジョン」や「人事制度改定のコンセプト」の設定は、人事制度改定を進める上での判断軸になるのです。

本STEP2では、この判断軸をつくるためのフレームワークを説明します。

> このSTEPでつくる「判断軸」は、前STEPで解説した「現状分析・改定の方向性」と合わせて人事制度改定を進める上で迷ったら立ち戻る場所になりますよ！

2　人材ビジョンの役割

　まず「人材ビジョン」について検討していきます。これから説明する「人材ビジョン」はよくある「求める人材像」とは少し違うものです。

■ プロジェクト内部での共通認識をつくるための人材ビジョン

　一般的に「求める人材像」は、求人募集要項に記載されたり、あるいは社員に対して行動規範として掲げられたりするものです。

　しかし、私たちがこれから「人材ビジョンコーン」というフレームワークを用いて明らかにしていく人材ビジョンは、それをそのまま求人募集要項に記載したり、社員に対する行動規範として示したりするためにつくるものではありません。

　あくまで人事制度改定のために作成するものです。つまり、プロジェクトメンバーの内部、あるいはプロジェクトとトップマネジメントの間で、STEP1の最後で触れた、「どういう人材に報いていきたいのか」ということの認識を共有するために作成するものです。これが共有されていないと、制度改定の具体化が進みません。そのために、人材ビジョンとして言語化し、共有します。

■ 戦略推進の重要と成る人材を明確化する

　人事制度改定の目的は経営戦略を実現することなので、人事制度を改定することによって増強したい人材像＝報いていきたい人材像は、「これからの戦略」を推進していくために力を発揮してくれる人材です。私たちはこのような人材を「コア人材」と呼んでいます。

　もちろん、すべての社員は事業にとって必要であるから雇用しているのであり、どうでもいい人材など1人もいません。しかし、配分できる経営資源が限られている限り、今後の戦略実現のために有用という観点から、特に重視すべきコア人材を定めることは、当然のことです。そして、人事制度改定は、コア人材にどう報いていくのかという観点から実施されます。もし「全従業員を幸せにする人事制度」といったことがプロジェクトで掲げられてしまうと、それは結局、戦略がないのと同じで、制度に落とし込むことができません。

3 人材ビジョンコーンの各要素と検討ステップ

　人材ビジョンを規定する人材ビジョンコーンは図のように構成されます。人材ビジョンコーンをゼロから考えていくときのやり方ですが、まず、下の「基本姿勢」「技術＆知識」「経験」を埋めていき、最終的にトップにある「人材像」が導き出されるイメージです。

　では、下の3要素については、どこから考えていけばいいのでしょうか。順番に関しては、絶対の正解と呼べるものはなく、ご自身のやりやすいやり方で取り組んでいただいてもよいのですが、一般的な目安としては「技術＆知識」からスタートします。

①「技術 & 知識」

　戦略実現のために必要な人材を規定していくのが人材ビジョンコーンなので、戦略の実現のために、どんな技術と知識が必要なのかを、まず考えます。

　たとえば、新しい事業領域において新規事業を開発していく戦略であれば、当然ながら顧客ニーズを探り最適な販促施策を立案するマーケティング力が必要となるでしょう。あるいは、既存事業の部署に協力を得ながら

チームで進めていくのなら、周囲を巻き込むリーダーシップが必要でしょう。このように、戦略に紐付けて、そこに必要な「技術と知識」は何なのかを考えて記載します。

②「基 本 姿 勢」

　基本姿勢は、どんな姿勢で仕事に臨んで欲しいかという点をまとめます。「仕事に対する熱意」や「仕事に取り組む際の姿勢」と言い換えてもよいかもしれません。仮に技術と知識は高い水準だったとしても、消極的な態度で指示待ちの姿勢に終始していることでは困る、逆に、周囲の人の意見を聞いてくれず独断専行しがちの姿勢は困るなど、戦略のタイプにより、求める基本姿勢は変わってくるでしょう。

③「経 験」

　①「技術＆知識」、②「基本姿勢」のある人だったら、こういう経験をしてきているはずだ、あるいはしていて欲しい、と考えるも

人材ビジョンコーン

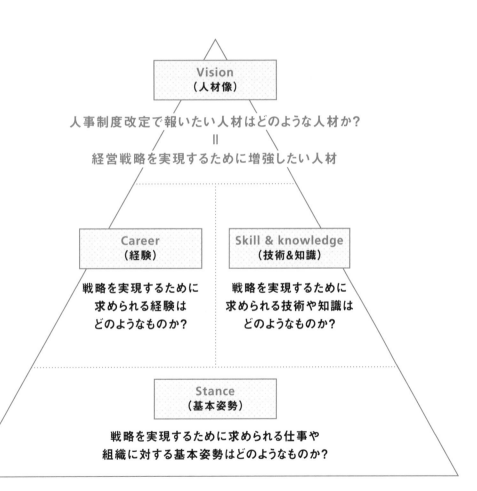

Vision
（人材像）

人事制度改定で報いたい人材はどのような人材か?
＝
経営戦略を実現するために増強したい人材

Career
（経験）

戦略を実現するために
求められる経験は
どのようなものか?

Skill & knowledge
（技術＆知識）

戦略を実現するために
求められる技術や知識は
どのようなものか?

Stance
（基本姿勢）

戦略を実現するために求められる仕事や
組織に対する基本姿勢はどのようなものか?

STEP ZERO

STEP 1.

STEP 2.

STEP 3.

STEP 4.

STEP 5.

LAST STEP

のをまとめます。

人材ビジョンコーンは、あくまで制度改定の判断軸をつくるためのもので、実際の採用基準、昇進基準などではありません。したがって、ここには、たとえば「商社で仕入業務を3年以上経験していること」といった具体的な内容ではなく、「社内で新しいことを実施した経験」といった、少し抽象的な内容が入ります。

④「人材像」

①〜③までを書き出したら、最後にそれらをいったん「人材像」としてまとめます。ただし、最初の仮置きとして、少し粗い感じでまとめれば大丈夫です。

それからもう一回、「基本姿勢」「技術＆知識」「経験」をそれぞれ相互に照らして、全体を俯瞰しながら、過不足や矛盾がないかを整理します。すると、「基本姿勢」「技術＆知識」「経験」から外したり、逆に足したりする要素も出てくるでしょう。そのようにして、各要素で使う言葉を精査していき、最終的にひとまとまりの文となった「人材像」を策定

します。

また、他のSTEPを進めるうち、人材ビジョンコーンを修正することがあり得ます。したがって、ここではあまり時間をかけず、サクサクと埋めていくイメージで取り組むことをおすすめします。

考 え す ぎ な い 。

人材ビジョンコーンは、制度改定の判断軸を決めるもので、細かな採用条件などを詰めるものではありません。そのため、細かいところまで考えすぎると、かえって本質を見失います。むしろ、非本質的なもの、余分なものをなるべくそぎ落として、シンプルなものをつくることを意識したほうがいいでしょう。

そのため、基本的には、だいたい30分から1時間も考えれば十分です。もちろん、「企画力」がいいのか「デザイン力」がいいのか、といった言葉の選び方、表現方法に悩むことはあるかと思いますが、逆にいうと時間がかかるのはその点くらいで、1日も2日も時間をかけるのは、考えすぎだといえます。

4 人事制度改定のコンセプトを決める

　次に、「人事制度改定のコンセプト」について検討していきます。ここで検討するコンセプトは、今回新たに改定する人事制度は要するにどのような制度なのか、について端的に方向性を示すものです。人事制度改定は、これからのSTEPで検討するような詳細な制度検討をしていけばいくほど、枝葉の議論に終始し、部分最適なものになりがちです。また、現制度との重要な改定ポイントを忘れ、安易な現状維持に陥りがちなときに、迷いをはらす灯台のような役割を果たします。ここでは、主に「序列のつけ方」「評価のメリハリ」の2軸で現状の制度と対比して新制度のコンセプトを明示することでプロジェクト推進における指針となる判断軸を明確化します。詳細の設定方法は「作成のポイント」で説明します。

人事制度の改定具体策を検討する上で、その判断軸となる人材ビジョン（求める人材像）および制度改定のメインコンセプト、を設定する。

❶ 人材ビジョン（求める人材像）の設計

人材ビジョンはどこからでもやりやすいところからはじめてよいが、一般的な目安として下記手順で実施するとよい。

なお、「人材マネジメントの把握」においても「求める人材像」は仮設定するものの、その段階では大枠のコンセプトであり、本STEPにて仮説を検証しながら他の施策展開の大元となる「求める人材像」の詳細を設計する。

Skill&Knowledge（技術＆知識）

戦略を実現するために求められる技術や知識はどのようなものがあるか検討し、記載する。

（例）・中長期視点に基づくビジョン構築力
　　　・社内外の関係者を巻き込む力
　　　・過去にとらわれない発想力
　　　・多角的な視点で真因を分析する力
　　　　　　　　　　　　　　　　　　など

Stance（基本姿勢）

戦略を実現するために求められる仕事や組織に対する基本姿勢はどのようなものがあるか検討し、記載する。

（例）・自分ごとで物事を考え・行動する当事者意識
　　　・常に相手目線で物事を考える客観思考
　　　・最後まで物事にくらいつく執着心
　　　・互いを尊重し活かし合う協働意識
　　　　　　　　　　　　　　　　　　など

Career（経験）

戦略を実現するために求められる経験はどのようなものがあるかを検討し、記載する。

（例）・海外における企業の経営経験
　　　・事業の柱となる新規商品・サービスの開発経験
　　　・難易度の高い社内外の課題を乗り越えた修羅場経験
　　　・その後の成功に寄与した価値ある失敗体験
　　　　　　　　　　　　　　　　　　など

Vision（人材像）

これまで記載した、Skill ＆ Knowledge（技術＆知識）、Stance（基本姿勢）、Career（経験）を集約すると、どのような人材となるかを要約し、簡潔に記載する。

（例）・中長期視点で未来の方向性を示し、的確な判断力と熱い情熱で人を動かし、高い付加価値を生み出し続ける人材

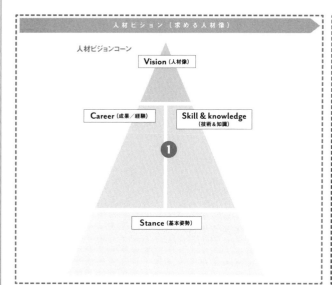

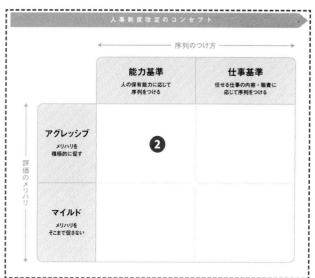

・世界基準で物事を捉える広い視野と大局的・構造的に物事を捉える高い視座と様々な角度から物事を捉える多様な視点をもって●●事業成長を牽引する人材

・最先端の技術知識と、多くの人材を巻き込む力で世の中に次の「当たり前」を提供する人材

など

格好つけず、自社に馴染みのある言葉を使おう！　また、「これもあったほうがいいかな」などと思うような戦略実現において、非本質的なオマケみたいな要素は入れないようにしよう！　そして、最後に「そんな人いるのか？」と思うようなスーパーマンになっていないか、注意しよう！

図解 人事制度の改定具体策の検討フレーム

❷ 人事制度改定のコンセプト設計

　現状の人事制度のコンセプトと、これから改定する人事制度のコンセプトを2つの軸で整理し、詳細制度を設計する上での判断軸を定める。

序列のつけ方

　等級運用において、職能等級のような保有能力を軸として人材の序列を行う能力基準とするか、役割等級（職務等級）のような任せる仕事の内容・職責を軸として人材の序列を行う仕事基準とするか、を検討する。

評価のメリハリ

　評価の施策・運用について、たとえば相対評価や定量評価などの運用強化を行い評価のメリハリを積極的に促す「アグレッシブ」なコンセプトとするか、絶対評価やプロセス評価などの運用強化を行い評価のメリハリをそこまで促さない「マイルド」なコンセプトとするか、を検討する。

> ここで定めたコンセプトも制度改定の「錦の御旗」となります。しっかりと合意形成しよう！

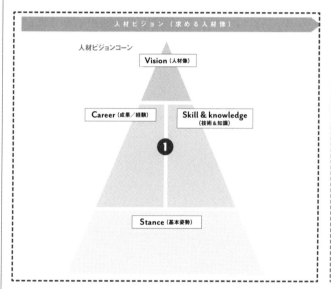

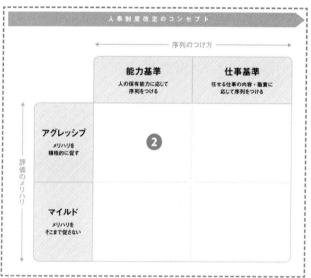

人事制度の改定具体策の検討フレーム
メインシート

人材ビジョン（求める人材像）

人材ビジョンコーン

Vision（人材像）

Career（成果／経験）

Skill & knowledge
（技術＆知識）

Stance（基本姿勢）

人 事 制 度 改 定 の コ ン セ プ ト

序列のつけ方

	能力基準 人の保有能力に応じて 序列をつける	仕事基準 任せる仕事の内容・職責に 応じて序列をつける
アグレッシブ メリハリを 積極的に促す		
マイルド メリハリを そこまで促さない		

評価のメリハリ

人事制度の改定具体策の検討フレーム 記載例
メインシート

人材ビジョン（求める人材像）

人材ビジョンコーン

Vision（人材像）

○○の高い専門性をベースに、
新たなチャレンジや内部シナジーを通じて
○○○な顧客の課題解決を支援できる人材

「これぞ自社をリーディング
する社員」といえる
コア人材を描く！

Career（成果／経験）

- 壁に怯むことなく戦略実行のために
チャレンジし続けた経験

- 周囲を巻き込み内部シナジーや
部門連携を生み出し
価値創出した経験

- 特に難易度の高い社内外の
課題を乗り越えた修羅場経験

Skill & knowledge（技術＆知識）

- 本質的な問題がどこに
あるのかを見極める力

- 課題に対して複数の解決策から
最適な解決策を設定する力

- 担当領域における高い専門性

- 顧客ニーズを把握するための
情報収集力

- 信頼獲得に繋がる人間力

「遅刻をしない」とか
「ハラスメントをしない」など
当たり前のことや
否定的表現は入れない！

Stance（基本姿勢）

- 互いに理解しあいチームワークで取り組む姿勢

- 顧客に好奇心を抱き、"知りたい""応えたい"と思う姿勢

- 担当領域のプロフェッショナルであろうとする姿勢

人事制度改定のコンセプト

序列のつけ方

	能力基準 人の保有能力に応じて 序列をつける	仕事基準 任せる仕事の内容・職責に 応じて序列をつける

評価のメリハリ

アグレッシブ
メリハリを
積極的に促す

ハッキリと方向性を明確にしよう！
ここがブレるとあとになって
判断もブレますよ！

新制度

仕事の役割職責に応じた
序列を定義し、経営戦略をより
推進した人材を評価する制度

マイルド
メリハリを
そこまで促さない

現制度

能力等級制度の中、
結果的に年功序列となり、
やってもやらなくても
評価が同じ制度

人事は最低でも三枚舌を持て！

「人を見て法を説け」。

お釈迦様の言葉として伝えられているこの教訓は、相手の状況や立場によく思いを巡らせて、相手に伝わるように丁寧に言葉を選んで話すことの大切さを表しています。

このことは、人事担当者にもよく当てはまります。

人材ビジョンコーンにより作成される人材像は、プロジェクトメンバー内での共通認識をつくるためのものであり、そのまま社員に見せるためのものではない、という話をしました。これは「本音と建前」を使い分けろという意味ではありません。伝える相手と目的が異なるときには、伝えるべき範囲や伝え方を変えなければ、うまく伝わらないという話です。

その意味で、人事担当者は「二枚舌」どころか「三枚舌」を使い分けなければならないというのが、私の持論です。

まず、人事担当者同士、あるいはプロジェクト内部で話す舌です。そこでは、これまで示してきたように、

「会社が向かうのはこの方向だろう」

「その戦略を実現するために、こういう人材をコア人材にしなければならない」

「ここの報酬を厚くすれば、こちらは削らなければならない」

といった本質論が、率直に話し合えればよいでしょう。

次に、一般社員向けに伝えるための舌が必要です。

社員が第1に気にするのは、やはり自分たちの待遇や働きやすさがどうなるのか、という点でしょう。企業規模によっても異なりますが、会社全体として採用する経営戦略やそのための経営資源配分といった話を、一般社員に対して人事担当者がしても、理解も納得もなかなか得られません。人材ビジョンコーンをいきなり見せてはいけない、というのもそのためです。

最後に、経営者向けの舌が必要です。一般的に、経営者は、現場の働きやすさといった細部ではなく、中期的、大局的な戦略の実現に関心があります。したがって、経営者と話す際には、人事担当者も会社の戦略の方向性をしっかり理解しておく必要があり、そのための人事制度改定だという点の了解に齟齬を生じないようにしなければなりません。

などと、偉そうなことを書いている私ですが、過去には手痛い失敗も経験しています。その経験から得られた教訓なのです。

人事コンサルティングの仕事をはじめて間もない頃、ある老舗企業の人事制度改定のお手伝

いをさせていただきました。

　私たちは、人事制度改定案の骨子として、「これからはグローバルビジネスを担える人材を増やさなければならない」ということを掲げました。すると、主要事業である自治体向け事業を担っていた事業部長が、もの凄い剣幕で怒鳴り込んできたのです。

　いわく、「自分たちの事業にグローバル化など関係ない。それよりも、きちんと自治体と話ができる人間を増やせ。だれがこの会社を支えてきたと思ってるんだ」ということです。

　もちろん、会社の戦略としては、グローバルビジネスを伸ばしていく方向性は明確です。したがって、プロジェクト内部での人材ビジョンとして、そこに貢献する人材をコア人材として増やそうというのは、当然の設定でした。

　しかし、それをそのまま伝えてしまったことは、その時点で売上高の半分以上を稼ぎ出している事業に対する配慮が足りず、明らかに私の伝え方の失敗でした。

　実際、そのときにも予感はあったのです。しかし、「とはいえ、自治体事業が飽和していることも、グローバルビジネスが必要なことも、明らかなのだから、それをオブラートに包んでも仕方ない」と考えて、そのまま出してしまったのです。理屈に走ってしまった若気の至りでした。もちろん、いまなら絶対にそんな出し方はしません。

　結局、「グローバル人材云々」は撤回し、「新たな領域に挑戦できる人材」のような形でまとめて、先の事業部長にもなんとか納得していただくことができました。

　読者の皆さまが同じ失敗の轍を踏んでいただくことがないよう、恥を忍んでお伝えする次第です。

STEP

3

等級制度

社員の成長と役割・職責を
見える化する

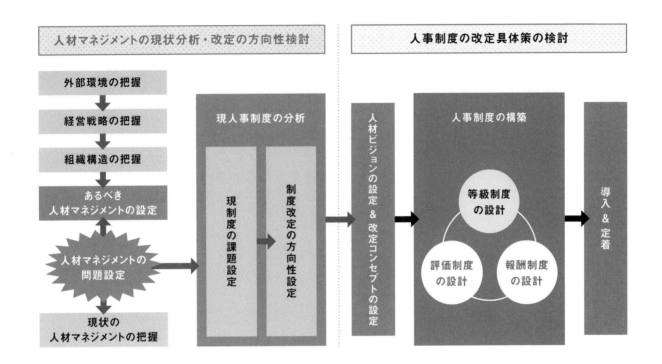

人材マネジメントの現状分析・改定の方向性検討

- 外部環境の把握
- 経営戦略の把握
- 組織構造の把握
- あるべき人材マネジメントの設定
- 人材マネジメントの問題設定
- 現状の人材マネジメントの把握

現人事制度の分析
- 現制度の課題設定
- 制度改定の方向性設定

人事制度の改定具体策の検討

- 人材ビジョンの設定＆改定コンセプトの設定

人事制度の構築
- 等級制度の設計
- 評価制度の設計
- 報酬制度の設計

- 導入＆定着

このSTEPで作成するフレームワーク

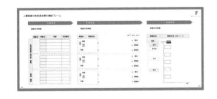

1 等級制度の役割

STEP2までで、判断軸としての改定コンセプトと人材ビジョンを定めました。本STEPからは、具体的に人事制度の中身を改定し、構築する方法を解説していきます。

本書で説明する人事制度の構築要素は、「等級制度」「評価制度」「報酬制度」の3つです。人事制度の枠組みを広く捉えれば、採用制度や教育制度など他にも考慮されてしかるべき要素はありますが、本書では特に重要な柱であるこの3本を重点的に解説します。

まず、本STEPで「等級制度」について解説し、STEP4で「評価制度」、STEP5で「報酬制度」と、順に見ていきます。

等級制度とは何か

企業には、「働き方」「役割」「職責」などを決めるために、様々な観点から人材を区分する「容れ物」があります。たとえば、契約形態、職群、階層、資格・役割、職位・役職、職種などです。これらの人材を区分する「容れ物」を総称して、私たちは「等級制度」と呼んでいます。

等級制度を構築するとは、戦略実行に向けて社員に求める役割・職責、能力発揮状態を明確化するための「枠組み」と「具体的な定義」をつくることです。

等級制度の重点は会社によって変わる

人事フレームの重要性は、業種、業態、企業によって異なります。

たとえば、飲食チェーンなどでは正社員が少なく、店舗スタッフとしてパート、アルバイトなどが多い、という場合があるでしょう。その場合、正社員だけではなくパート・アルバイト社員の等級設計も重要になります。あるいは、自動車メーカーなどの製造業で開発、製造、物流、営業など自社内のバリューチェーンが長く、各機能に高い専門性が求められる場合は職種別の等級制度を設計することも検討できます。

業務内容や働き方の多様化へ対応する必要がある

現在、働く人の貢献内容、働く目的、働き方などが多様化してきています。そのため、

人材カテゴリーに対応した制度改定の例

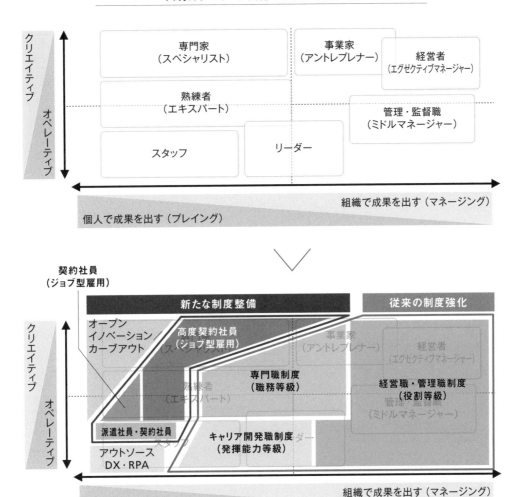

STEP ZERO

STEP 1.

STEP 2.

STEP 3.

STEP 4.

STEP 5.

LAST STEP

日本企業で古くから用いられている単線的な職能等級制度では、人材を適切に活用できなくなっています。

たとえば、業務を、非定型的・創造的な業務（クリエイティブ）と定型的な繰り返し業務（オペレーティブ）に区分します。また、組織（チーム）で成果を出す業務（マネージング）と、個人で成果を出す業務（プレイング）とに区分します。すると、企業内での様々な役割が、前ページのような4象限のマトリクスに位置付けることができます。

これらの役割は、いずれも企業において必要なものです。しかし、これらを同じ等級制度のコンセプトで処遇しようとするのは、無理があることは明らかです。

たとえば、クリエイティブでかつプレイングな領域で活躍してもらいたい高度専門人材は、等級が上がると管理職（マネージング）に移行しなければならない単線的な職能等級制度の中に位置付けることは難しいことはいうまでもありません。すでに複線型の枠組みを導入している企業も多いですが、その枠も超えたジョブ型雇用といったものが検討されてしかるべきでしょう。

ちなみに、最近では「アルムナイ（アラムナイ）」といって、企業のいわゆるOB・OG（退職者、離職者）を専門的人材として活用する動きが出はじめています。そういった方の場合も、行ってもらう業務範囲を明確に定義されたジョブ型での雇用が適しています。

さらに、よりプレイングに特化できるクリエイティブ業務なら、社内に抱えるのではなくカーブアウト（業務の切り出し）による社外化や、オープンイノベーションによる外部リソース活用を考えたほうがいいこともあるでしょう。

オペレーティングな業務でプレイングな領域に該当するものも、上とは異なりますが、アウトソースという形での外部化を検討できる領域です。さらにオペレーティブな業務の一部は、AIやRPAの導入によりそもそも人間がやる仕事ではなくなりつつあります。今後、技術進歩が進めば機械に置き換えることのできる領域は広がることは確実です。そうなれば、以前はその部分で雇用していた従業員が不要となり、やはり等級制度のあり方の変更が求められるようになります。

2 　等級制度の現状分析、再び

　制度改定にあたって最初に必要なことは、現状の人事制度およびその運用について分析し、正しく現状を把握することです。

　これは、STEP1の「人材マネジメントの現状分析・改定の方向性検討フレーム」で掲載した「人事制度の分析」で行うべきことの再確認になります。

　STEP1では全体の流れを説明することが目的であったため、人事制度の現状分析が必要であることを指摘するに留め、「等級制度」「評価制度」「報酬制度」それぞれの具体的な分析方法について、解説していませんでした。そこで、ここで改めて「等級制度」分析の視点について解説します。

　分析は制度面と運用面の両面で行われます。

制 度 面 の 分 析 ポ イ ン ト

　制度面の分析ポイントは、以下の3点です。
①等級定義は明文化されているか（能力発揮や貢献状態は明確か）。
②等級定義の内容は企業の実態に合っているか。

③等級間の違いは明確になっているか。

　等級の定義が明確になされていること、等級間の違いが明確になっていることは、表裏一体の関係です。等級の定義が不明確であれば、当然、等級ごとの違いも不明確になるためです。したがって、等級の定義を明確化することが第1に重要です。そして、その定義の内容が、企業の実態と合っている必要もあります。

　それらが、現状で適切に設定されていないとなれば、適正化しなければなりません。

運 用 面 の 分 析 ポ イ ン ト

　運用面の分析ポイントは、以下の3点です。
①社員が自分の等級定義を認識しているか。
②各等級の在籍人数は妥当か。
③各等級の年齢構成は思想に合っているか（不要な滞留や年功序列的な運用は見られないか）。

　等級の定義が明確ではなく、また、実態にも合っていなければ、社員にもそれを正しく認識してもらうことはできません。あるいは、明確な定義があるのに、単に告知不足、教育

不足によりそれが知られていない場合もあるかもしれません。いずれも、それは人事制度の運用上、大きな問題です。

　理想的には、すべての社員が自分の等級とその定義を認識し、また、上位等級に昇格するためには何が必要かを理解しているべきです。それは換言すれば、すべての社員が「自分は会社から何を期待され、何をするべきか」を理解しているという状態だからです。人事としては当然そういう状態を目指します。

　また、③については、現在の状況として、本来はその等級に存在するだけの能力や貢献がないにもかかわらず、単に勤続年数が長いといった理由である等級に上がっている人がいることは、どの会社でもよくあります。これらの人は本来、等級を降格させなければならないのですが、降格人事の実施が（「かわいそう」といった理由で）難しくなっていることはたぶん、皆さんの会社でもあるのではないかと思います。

　しかし、それは正されなければなりません。その方法については後に述べますが、ここではそういう不適切な運用がどの程度あるのかを、把握しておく必要があるということです。

3　企業の成長と等級制度の変化

　現状分析により、制度上、運用上の不備が明らかになったら、それを変えなければなりません。場合によっては、制度の枠組みはいじらずに、たとえば等級定義を明確化するとか、等級を1等級増やすといった部分的な対応で済むことがあるかもしれません。

　しかし、本書では、新たな経営戦略の実行に向けて社員に求める役割・職責、能力発揮状態を明確化するための新たな「枠組み」をつくるケースを前提にしていますので、等級制度も全体的に見直すこととします。

　一般的に、企業はその成長発展に応じて、職責と職種の数が増えていきます。これは、生物が細胞分裂を繰り返しながら成長していくようなものです。企業を構成する細胞といえる職責や職種が、分裂しながら広がっていくのです。その職責と職種の組み合わせにより、基本的な等級制度の種類、等級数も変化していくものです。

　現状の等級制度に不都合があるとしたら、それは企業の成長段階（職責と職種の広がり）と見合ったものになっていないということが考えられます。そこで、まずその点を確認します。

　ここでは例として、もっともシンプルな「簡易職位等級」から、もっとも複雑な「事業・職種別複線型等級」の5つの類型で考えてみます。

簡易職位等級

　創業の初期段階では、管理職と一般職の2分類しかない、「簡易職位等級」です。社長と社員数名の会社が、そのミニマムの形です。本書で考える人事制度改定は、この規模の会社は対象としていません。

多層職位等級

　管理職、一般職それぞれの区分の下位に、職責や職務能力に応じた等級区分が存在する制度です。小規模から中規模までの、日本の多くの企業では、ここに該当する人事制度が採られています。

　ここから先は職責（役割）が広がっていく方向と、職種（事業）が広がっていく方向、あるいはその両方の組み合わせに向かいます。

複線型等級

多層職位等級の場合、一般職の上位等級となる管理職は、文字通りマネジメントの役割を担うことになります。逆にいうと、マネージャーという役割で貢献できる人しか、上位等級になれないということです。そうすると、マネジメントの業務には向かないけれども、高度な専門知識において多大な貢献ができる人がキャリアアップしていく道がなくなります。

そこで、そういう人にもキャリアアップの道を用意するのが、複線型等級です。管理職としてキャリアを積んでいく以外に、専門職としてキャリアを積む道をつくり、本人の適性に応じて選択できる制度です。

ただし、この制度の実際上の運用でよく見られる問題が、単に管理職としての能力、適性がない、かといって、職歴が長いために一般職にしておくことはかわいそうといった、「管理職不適格人材」の受け皿として、専門職コースが利用されてしまっていることです。こういう運用をすると、本当に専門職としての能力がある人が活性化できないことになり

よくありません。

もう1つ、専門職コースに進むためのハードルを上げすぎてしまい、制度としては存在するものの実際上はほとんどそこに進む人がいない、というのもよく見られます。これも問題です。

これらの複線型等級制度の問題を解決する方法は、後に触れます。

事業・職種別多層職位等級

多層職位等級から分化するもう1つの方向としては、職種あるいは事業が増えるのにあわせて、事業ごとに多層職位等級をつくる方法です。

たとえば、飲食店を展開していた会社が、新たにEC部門をつくるのであれば、EC部門では飲食店部門とは別の等級制度を導入する、といった具合です。

事業・職種別複線型等級

事業・職種別多層職位等級において、さら

企業の成長と等級制度の変化

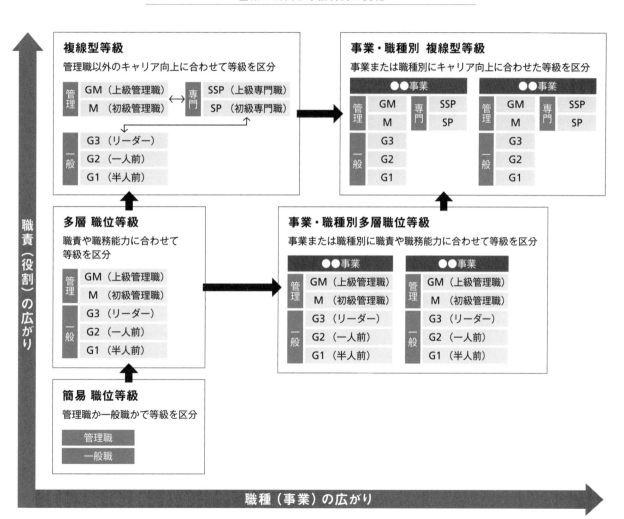

STEP ZERO

STEP 1.

STEP 2.

STEP 3.

STEP 4.

STEP 5.

LAST STEP

にそれぞれの事業の等級制度ごとに複線型等
級を導入すれば、この形態になります。

　以上、等級制度の基本的な類型、つまり等
級制度の広がり方の類型を5種類見てきまし
た。本書では、多層職位等級制度になってい
るか、あるいはそれ以上の制度になっている
会社を対象として、現状の等級制度を全面的
に見直し、場合によっては、別の等級制度に
移行することを前提に説明をしていきます。

4 等級コンセプトの種類

　次は、等級制度の内部において、何を基準にして等級を決めるのかという「等級コンセプト」（格付けの考え方）の種類を説明します。

　格付けの考え方には、大きく分けて「職能等級」「役割等級」「職務等級」の3種類があります。

職能等級制度

　戦後の日本企業で広く用いられてきて、現在でも多くの企業で採用されている考え方です。これは、その人の「能力」（職能）により等級を定める制度です。

　ここでいう能力とは、行動によって示された顕在化した能力です。また、特定の職務に関するものだけではなく、社内のすべての職務に共通して発揮される能力のこととされます。

　その人がどれくらいの仕事ができる能力を持った人なのかを測り、人に対して等級をつける制度だということもできます。

役割等級制度

　従来の日本型の職能等級制度と欧米型の職務等級制度の、中間のような性質を持つのが役割等級制度です。

　これは、たとえば、A課長、B課長、A部長、B部長といった、役割に対して等級が紐付けられる制度です。その役割で行わなければならない職務内容は、多岐にわたるため、役割の定義は職務の定義よりも広い範囲を含む緩やかなものになります。逆にいうと曖昧さが残る部分があるともいえます。

職務等級制度

　職務等級制度は、仕事内容に対して等級が定められている制度です。

　原則的には、会社内のすべての職務に対して職務記述書（ジョブ・ディスクリプション）が作成され、そこに定義された職務の重要度や難易度（ジョブサイズ）によって等級の上下が定められることになります。ただし、実際はそこまで厳密な定義はせずに、こういう

仕事はこのグレードという風に、仕事の等級だけを定めていることもあります。

同じ職務であれば、だれがやっても同じ等級になるので、仕事に対して等級をつける制度だといえます。欧米企業では広く普及していますが、日本企業で導入して成功している例はあまり多くありません。

等級コンセプトは択一ではない

先述の通り、日本企業の多くは職能等級制度でやってきており、未だにその制度のままという会社が大半です。中には、1990年代以降、人事制度改定により、職務等級や役割等級を一度導入したという会社もありました。しかし、制度を導入したはいいものの活用ができず、結局もとの職能等級制度に戻してしまった会社も多かったのです。また、最近では、「ジョブ型」というのが流行語のようになっており、その導入を模索している会社もあるでしょう。

そこでポイントとなるのが、等級コンセプトは「あれか、これか」という択一で選択しなければならないものではないということです。

もちろん、人事制度全体のコンセプトはSTEP2で検討した通り共通のものをもつべきです。しかし、会社の状況に応じて、一部を職能等級、一部に役割等級、さらに一部には職務等級を導入するなど、複数の制度が混在していてもかまわないのです。

等級コンセプトの種類

STEP ZERO
STEP 1.
STEP 2.
STEP 3.
STEP 4.
STEP 5.
LAST STEP

"人"基準	"仕事"基準	
職能等級	役割等級	職務等級

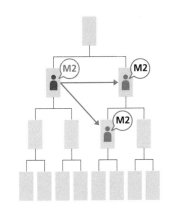

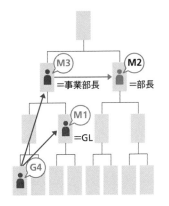

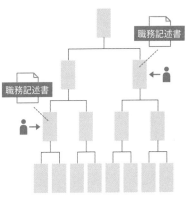

等級が本人に帰属する職能等級はどこのポジションになっても能力が下がらない限り等級は変わらない

等級がポジション（役割）に帰属する役割等級はポジション変更によってフレキシブルに等級が変わる仕組み

ポジションごとに職務記述書（Job Description）を作成し、職務内容・必要なスキルなどを明確化、これに見合った人材を募集し採用

5　等級数の決め方

　等級コンセプトとあわせて、等級数を決めていきます。その際に、一般的には、従業員を管理職層と、一般社員層に大別し、さらに上位の管理職層は管理職（マネジメント業務）と専門職に分け、それぞれ異なる等級制度、等級数を適用することが、私たちのおすすめです。

　これから各階層の等級数を決める基本的な考え方を紹介します。

▌管理職層、専門職層の等級数の考え方

　まず、次図の左上「管理職」については、組織・役割の職責に合わせて等級を設計するほうがいいでしょう。つまり役割等級です。そして、どれぐらいの等級数をつくればいいのかというと、これは会社における組織や役割の段階に応じて、そのまま等級をつくればいいだけです。○部の部長、○課の課長という具合に役割が明確な管理職は、役割で等級が決まることは合理的です。

　一方、右上の「専門職」については、専門性に応じた職務内容が明確です。等級コンセプトとしては、専門業務の内容（難易度など）

の段階または業績責任の影響範囲に応じた職務等級制度にするのがよいでしょう。

　ただし通常、専門性、また、それに応じた業績責任の影響範囲は、4段階も5段階も細かく区分できることは少ないと思います。多くの企業では、上級専門職と普通専門職の2段階程度となることが通常です。また、中には2段階も設定できないこともあると思います。その場合は、無理に等級を分けず、「専門職」全体で1つの区分でも構いません。

▌一般社員層の等級数の考え方

　次図の下にある区分は主に一般社員層が該当しますが、「キャリア開発職」としてあるのは、能力開発レベルに応じて等級を設定するということを示しています。言い換えれば、本人の成長段階に応じた等級ということなので、コンセプトとしては職能等級制度になります。

　そして、キャリア開発のレベルをそのまま等級数とします。たとえば以下のような能力開発を想定するのであれば、4段階の等級となります。

階層別　等級数の決め方

管理監督職 専門職 階層 	**【管理職】** 組織・役割の職責段階に応じた等級数	**【専門職】** 専門性の段階、または業績責任の影響範囲に応じた等級数
一般職 階層 	**【キャリア開発職】** 社員の能力開発レベル／成長レベルに合わせた等級数	**【専任職】** 管理職にも、専門職にも昇格できない社員についてやむを得ない場合の処遇場所

・手取り足取り教えられないと業務ができない段階（見習い）
・簡易的な指導で業務ができるようになった段階（半人前）
・都度指導を受けなくても、自立して業務に取り組める段階（一人前）
・リーダーシップをとって周囲を引っ張り指示できる段階（リーダー）

　なお、「キャリア開発職」の右側に「専任職」というカテゴリーがありますが、これは例外的な考え方なので、後で説明します（裏技伝授）。

> ちなみに、一般職階層について役割等級のコンセプトにするなら
> ・企画判断業務
> ・判断業務
> ・簡易判断業務
> などの分け方がありますよ。

6 等級定義の描き方

人材の「容れ物」である等級制度の枠組みや、等級数が決まったら、次は各等級の定義を定めます。

現状分析の項目でも説明したように、企業の実態に合った等級定義を、明確な文章として定め、かつそれを全社員に周知徹底することは極めて重要です。

その具体的な進め方を見ていきましょう。

まず等級の名前を決める

等級数が決まった後は、その等級ごとの等級名を決めます。

等級名は、等級制度の中での段階を示すものです。1等級、2等級といったものでもいいですが、M（マネージャー）1、M2、GM（ゼネラルマネージャー）などのように、意味のある名称のほうがベターです。

等級定義の例

後に出てくるサブシート②の等級定義の記載例を見てみましょう。

管理職層や一般職層で、それぞれ4段階の等級を設定しています。

管理職においては、等級ごとにマネジメントする範囲を定義しています。一方、一般職層は等級ごとに成長目標（できるようになること）を定義しています。いずれの層においても、その等級で何を求められているのか、他の等級とはどう違うのか、明確に定義されています。ただし、この定義だけでは、やや抽象度が高く、人によって受け止め方にばらつきが出る可能性があります。

そこで、日々の業務の中でどのような役割が期待されているのか、どのような能力を発揮すればいいのかをより具体的に定めた「詳細定義」も作成します。

これらの定義作成においては、個々の等級の定義が明確であることに加えて、できるだけ上下の隣接等級との差異を明確することにも留意しなければなりません。

ここまでつくってはじめて、すべての社員に等級定義への理解を周知徹底させることができるようになります。

専門職の定義について

　なお、一般職や管理職の等級定義については設定できても、専門職の定義がよくわからないという場合があります。公的資格が必要とされる職務であれば明確ですが、実際にはそういう職務は少なく、そうでない場合にその「専門性」をどう定義するのかは、悩ましいところです。また、エンジニアの場合などは技術進歩があるため、限定された「これとこれの知識を持つこと」という定義をしても、数年で陳腐化してしまい、使えなくなってしまうこともめずらしくありません。

　かといって、余りに幅広い要件を定義に含めておくと、今度は当てはまる人がいないということになります。

　そこで、専門職については、定義自体はガチガチに固めずに緩く設定しておき、別の方法で昇格の基準をつくる方法がおすすめです。その方法とは、「申請制度」と「更新制度」を設けるやり方です。これについては、後の専門職コースの活性化について論じる項目であわせて説明します。

等級定義の描き方

等級の名前を決める。等級名にもその会社に相応しい意味を持たせるようにする

各等級に対応する職位がある場合はこれを明確化する

その等級がどのような役割・職責あるいは能力開発状態なのか把握しやすいよう簡易な文章でまとめる
※前後等級の差異を意識すること

その等級がどのような役割・職責あるいは能力開発状態なのか詳細を把握しやすいように箇条書きなどにしてまとめる
※前後等級の差異を意識すること
※人材ビジョンや行動指針などの軸を取り入れる

ステップ

等級名	職位	等級定義	詳細定義（期待役割／発揮能力）

記載サンプル

等級名	職位	等級定義	詳細定義（期待役割／発揮能力）
GM SM M	・ゼネラルマネージャー ・シニアマネージャー ・マネージャー ・リーダー	経営戦略に基づき、部組織の戦略を策定・実行することで組織の成果を最大化する	【能力的な表記】 ・企業理念を体現し、組織に広める力 ・社内外の関係者と円滑な関係を構築し、情報を収集する力 ・経営・部門戦略の立案に寄与し、その実現に向けた担当組織の方針・目標・計画を立案・浸透する力 ・目標実現に向け、複数の部下・メンバーを束ね動かす力 ・状況変化に合わせて臨機応変に計画を変更し、全体最適で迅速・的確に物事に対処する判断力 ・組織の問題・課題を分析し、新たな価値を創出する改革力 ・部下・メンバーの特性・能力を的確に把握し能力開発を促し、自らの後人を育てる人材育成力
M3 M2 M1 5等級 4等級 3等級	・本部長 ・部長 ・課長	所属部門の戦略策定に参画し、戦略実行することで組織の成果を最大化する	【役割・職責的な表記】 ・社内外の関係者と円滑な関係を構築し、情報を収集する ・経営・部門戦略の立案に寄与し、その実現に向けた担当組織の方針・目標・計画を立案・浸透させる ・目標実現に向け、複数の部下・メンバーを束ね動かす ・状況変化に合わせて臨機応変に計画を変更し、全体最適で迅速・的確に物事に判断・対処する ・組織の問題・課題を分析し、新たな価値を創出する ・部下・メンバーの特性・能力を的確に把握し能力開発を促し、自らの後人を育てる

7　等級設計のポイント

　等級設計のやり方を説明してきましたが、設計の際、特に意識しておくべきことは、以下のようなポイントです。

▌一般職層の等級設計では、「成長の見える化」を意識する

　近年、特に若年層で、高い成長欲求を持つ人が増えています。そういう人は、会社に対して、「自分がどのように成長すればいいのか、その指針や道筋を具体的に示してほしい」という要望を持っています。そこで、特に若年層が多い一般職層については、本人の能力開発や成長が「見える化」できるように、細かく等級を設定するとともに、各段階で求める能力や成長を明確にすることを、制度設計段階で意識しなければなりません。

　たとえば、入社後、最初は指導を受けながら仕事を覚えていく段階があり、そこから、教えられた一定範囲のことであれば、自分だけでできる段階になります。さらには、過去の経験を応用して、自分でできる範囲が広がり、その次には、人にも教えられる段階へと進むのが一般的な成長プロセスです。それが、先に「一般社員層の等級数の考え方」で示し

た区分の根拠です。

　そしてそのような等級を設定するだけではなく、各等級において、会社としてどのような成長を望んでいるのかも、あわせて明確に示す必要があります。つまり等級定義の明確化です。

　若年層に高いモチベーションで働いてもらうためには、成長を見える化することで動機付けを図らなければならないことを覚えておいてください。

▌管理職層には、「役割・職責の見える化」ができる等級設計を意識する

　一方、管理職・専門職層においては、一般職層とは別の考え方になります。管理職・専門職層に対しては、どんな「役割や職責」を担ってほしいのかが見える化できる等級にしなければなりません。各組織や組織内の各ポストで等級を分けるのであれば、その組織やポストにおいてどんな成果が求められるのかが、等級区分や等級定義において「見える化」されているべきだということです。

再格付けは妥協すべきではない

STEP1、2で見てきたように、人事制度改定は、経営戦略をよりよく実現していくために、それに資する人材を採用、育成し、またそういった人材に厚く報いることを目的として行われるものです。

戦略実現という観点から評価基準あるいは価値判断の基準を変えるのが人事制度改定なのですから、新制度へ移行する際の「再格付け」において、格付けが上がる人もいれば、下がる人も出てくるのは当然です。もし、全体的に見て、旧制度と同じ序列で格付けがなされているなら、制度改定をした意味がありません。

その際に、絶対にやってはいけないことが、その等級に見合わない人を、その等級で再格付けしてしまうことです。適性、能力の実態にしっかりと合った再格付けを行うことは、骨の折れる作業ですが、制度改定の趣旨から考えても、人事担当者として手を抜くべきではありません。

ただし、人事制度改定は「会社の都合」によって実施されるものであることは間違いあ

りません。そのため、再格付けによりもし給与などの処遇が下がる人が出るならば、たとえば当面の間は、「調整給」などを支給して、不利益がないように配慮することも必要です。

専門職カテゴリーを活性化させる方法

最後に等級制度設計の話からは少し外れますが、専門職カテゴリーの運用について少し説明しておきます。

先ほども少し触れましたが、複線型等級制度を設定し、管理職コースと専門職コースを設けている場合に、専門職コースが形骸化してしまっていることがよくあります。

専門職の形骸化には3つのパターンがあります。

1つ目は、専門職の定義をガチガチに決めて、その昇格に厳しい条件を設けすぎているため、該当する人がほとんどいなくなっているような状況です。

2つ目は、実際に一般職から専門職へ昇格させた人、あるいは、専門職として採用した

人が、想定していたほど専門性を発揮できず、それにもかかわらず一般職よりも高い待遇のまま据え置かれているような状態です。

そして3つ目は、管理職に上がりきれない、あるいは、いったん管理職に就かせたものの、適任ではないと会社から判断された人について、下位等級に降格させることが忍びないという理由で「とりあえず専門職」としてしまい、専門職が、いわば「仕事ができない人の吹きだまり」のようになってしまっているパターンです。

私たちはこれまでに、複線型等級制度を設けている会社を数多く見てきましたが、これらのいずれかに該当している会社は非常によく見受けられます。

■「申請制度」で門戸を広げる

そこで、専門職人材を活性化させるための運用方法としておすすめしているのが「申請制度」と「更新制度」の導入です。

一般的な管理職であれば、その適性について、同じ管理職である上司が評価することはやりやすいでしょう。しかし、専門職の適性について、その専門家ではない上司が評価することは、そもそも難しいことです。

「医師が通う病院が本当にいい病院」といった話と同じで、その専門業務の評価は、専門家でなければできないということです。

そこで、専門職に厳密な定義を作成したり、あるいは専門ではない上司が専門性を評価したりして専門コースに昇格させるということをせずに、本人の申告をベースにした「専門職任用申請制度」を設け、人事委員会などの予め社内で定められた公的な合議体の承認により、専門職への任命をすることとします。

つまり、基本的には「何を専門性とするかを会社として都度検討できる」ようにしておくわけです。

■「更新制度」で結果責任を問う

その一方で、その任に不適切な人が専門職に在籍し続けることを防ぐために「専門職更新制度」も設けます。

これは、1年ごとなど、一定期間ごとに、

専門職人材の専門性の発揮状態について、結果を確認し、期待通りの結果が出せているのなら、そのまま専門職任命を更新する一方、結果が出せていないのであれば、更新しないという制度です。

専門職はその専門性を活用して結果を出すことが求められ、相応の高い処遇を得ます。結果が出せないのであればその任に不適切であることは当然です。また、結果が出せたか出せないかであれば、評価をする人間に専門知識は不要です。

つまり、門戸を広げる一方、結果責任を果たさなければその職に留まれないようにするということです。

このようにすれば、現状、多くの企業で見られる専門職コースの形骸化を防ぎ、真の専門職人材が力を発揮できるようになるはずです。

「営業の専門職」もありうる

ちなみに、専門職には、法務や会計、医師など国家資格で認定されるもの、あるいはデジタル領域などの専門知識が必要とされるものが一般的には想起されます。しかし、たとえば「営業」「生産管理」といった、企業内で通常業務として行われている職務を担当する人でも、高い付加価値が生み出せるのであれば専門職として認められるべきだと考えます。

ただ、たとえば営業に資格はないので、その専門性を客観的に担保するのは、実際にどれだけの業績を上げているのかの結果しかありません。つまり、自分の専門性を「結果」という形で、自分で証明しなければならないのです。

その証明を常に確認し適切な処遇をするために設けられるのが「更新制度」なのです。

「**人**材ビジョン」と「人事制度の改定コンセプト」で定義した人材を輩出するための新人事制度の骨子を、等級制度、評価制度、報酬制度に分けて検討すると共に、それぞれが連携して機能するように設計する。

❶ 等級制度の設計

サブシート①②を使って、等級制度の改定の方向性を明確化すると共に、階層区分、等級運用のコンセプト、等級数・等級定義を設計する。

❷ 評価制度の設計

サブシート③④⑤を使って、評価制度の改定の方向性を明確化すると共に、評価対象とする軸、評価方法や、処遇決定に向けた評価反映のウエイトを設計する。

❸ 報酬制度の設計

サブシート⑥⑦を使って、報酬制度の改定の方向性を明確化すると共に、報酬体系や各等級に合わせた報酬レンジ、昇降給の方法、給与・賞与の比率を設計する。

等級制度

改定の方向性

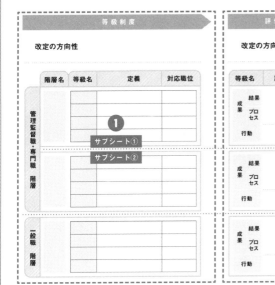

評価制度

改定の方向性

反映(大) 反映(中) 反映(小)

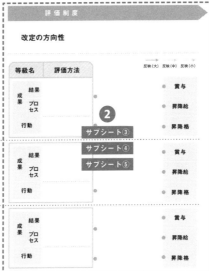

報酬制度

改定の方向性

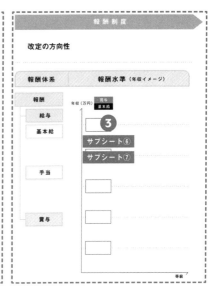

STEP1のときと同じように
まずはそれぞれのサブシートから作成し、
最後にメインシートを完成させよう!

図解 人事制度の改定具体策の検討フレーム サブシート① 等級制度 概要設計

現在の等級制度の状態と課題を整理すると共に、改定のポイントを明確化した上で、階層や等級数、等級運用のコンセプトなど新たな等級制度の概要を設計する。

❶ 現等級制度の記載と課題整理

現在の等級制度を記載し、先の現状分析と上記ページ記載の制度上・運用上の分析ポイントを踏まえて、改めて現制度の課題を簡潔に記載する。

❷ 新等級制度の概要設計

まずは階層を決定する

新しい等級制度の設計手順とし、まず全体のフレームを決定します。最も単純なフレームは、「スタッフ層（一般職層）」と「マネージャー層（管理職層）」の2階層で運用する仕組みである。ただ、近年では「管理職」にならなくても、高い専門性がある人材を育成し処遇することも必要になってきている。その場合は「スペシャリスト層（専門職層）」の開設も検討する必要がある。

階層名はその名称を見ただけで概ねどのような職責・業務を担う階層なのかを把握できるようにするとよい。

（例）

【管理監督職・専門職階層】

マネジメント層、管理職層、経営層　など

スペシャリスト層、プロフェッショナル層、専門職層　など

【一般職層】

スタッフ層、メンバー層、キャリア開発層、一般層　など

なお、本書では、一般職で階層が1つ、管理監督職・専門職で階層を2つ設けているが、すべて使う必要はない。また、これ以外にも事業部別、職別に等級を分けることなどが考えられるが、その場合は本フレームを参考に追加して検討していただきたい。

各階層の等級コンセプトを決定する

設定した各階層に対して、等級運用のコンセプトを決める。新人事制度全体のコンセプトは最初の段階で決定しているため、概ね「能力基準」か「仕事基準」か定まっているはずだが、単純にすべてを「能力基準」あるいは「仕事基準」とするのではなく、各階層の特性を鑑みてコンセプトを区分して設定することも重要。

たとえば、全体的には「仕事基準」ではあるものの、一般職 階層については、「能力基準」として各人の能力開発をより促すような考え方にすることなども検討できる。

等級数と等級名を決定する

最初に各階層における等級数を決める。各階層に4つまで等級数を設定できるようにしているが、

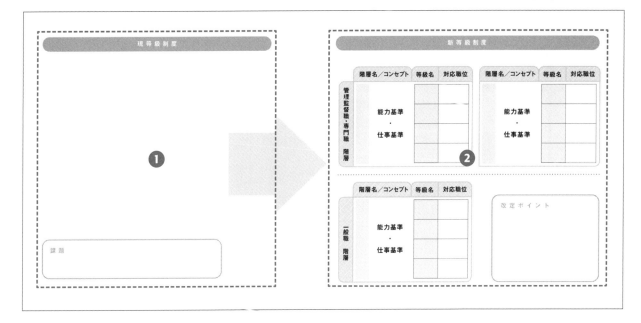

すべて使う必要はない。逆に、各階層において5つ以上の等級数をつくることも検討できるが、「能力基準」の場合には作成した等級数に応じた能力レベルを区分することが求められる。一方で「仕事基準」の場合でもやはり等級数に応じた職務または役割のレベルを区分することが求められる。これらのレベルがしっかりと区分できないと、上位等級と下位等級の違いが不明瞭となり、結果的に曖昧な等級運用となってしまう。したがって、まずは4つまでを目安に作成するとよい。

　等級数が決まったら、各等級の名称を設定する。階層名でも触れたが、等級名についてもその名称から概ねどのような「能力」または「仕事」のレベルなのか把握できるようにすると良い。

（例）
【管理監督職・専門職 階層】
MG1・MG2・MG3、M／SM／GM、管理Ⅰ・管理Ⅱ・管理Ⅲ　など
SP1・SP2・Pro1・Pro2、専門Ⅰ・専門Ⅱ・高度専門　など
【一般職 階層】
JG1・JG2・JG3、JS・S・L、S1・S2・S3、ジュニア・ミドル・リーダーなど

等級と対応職位を決定する

　設定した等級に対応する職位を決める。この場合、「能力基準」か「仕事基準」かで設定の考え方が異なるため注意を要する。

図解 人事制度の改定具体策の検討フレーム サブシート① 等級制度　概要設計

等級コンセプト別　格付けの考え方

「能力基準」の場合

等級名	対応職位
MG4	部長
MG3	部長
MG2	課長
MG1	課長

管理監督職 階層

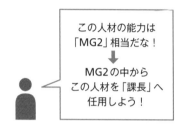

この人材の能力は
「MG2」相当だな！
↓
MG2の中から
この人材を「課長」へ
任用しよう！

「仕事基準」の場合

等級名	対応職位
MG4	部長
MG3	部長
MG2	課長
MG1	課長

管理監督職 階層

この部長は難易度が
低い役割・機能を
担っているから、
「MG3／部長」だな！

この部長は難易度が
高い役割・機能を
担っているから、
「MG4／部長」だな！

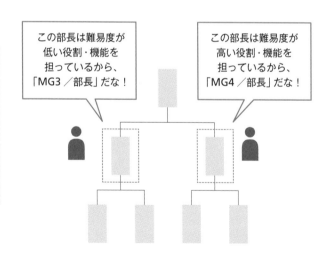

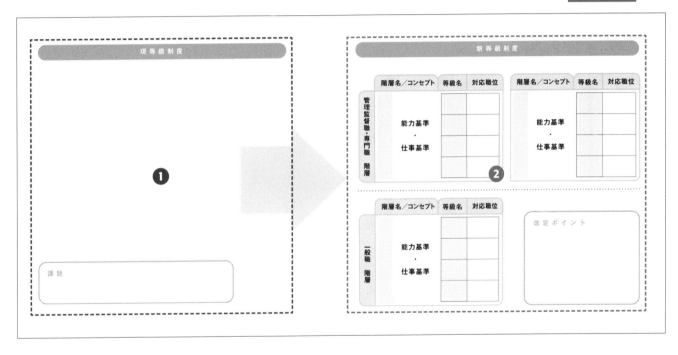

現等級制度

❶

課題

新等級制度

階層名／コンセプト	等級名	対応職位
能力基準・仕事基準		

階層名／コンセプト	等級名	対応職位
能力基準・仕事基準		

管理監督職・専門職　階層

❷

階層名／コンセプト	等級名	対応職位
能力基準・仕事基準		

一般職　階層

改定ポイント

【図解】 人事制度の改定具体策の検討フレーム サブシート② 等級制度　詳細設計

サブシート①で設計した新たな等級制度の概要（階層・等級）に基づき、各等級定義を作成する。これにより、各等級に求める能力の発揮状態、または各等級に求める仕事レベル（役割・職務）を明確化する。

❶ 等級定義の設計

【P111「等級定義の描き方」参照】

　各等級に対して、「能力基準」であれば「どのような発揮能力状態を求めるのか？」、「仕事基準」であれば「どのような仕事レベル（役割・職務）が求められるのか？」を端的にわかりやすく記載する。

❷ 等級定義の詳細設計

　各等級定義をより詳細化するために、ビジネスにおける業務遂行の基本となる「Plan」「Do」「Check & Action」及び「Others（その他）」の区分に分けて、それぞれの区分でどのような能力発揮または、役割・職責が求められるかを設計する。

　なお、ここで設計する項目は、評価において行動評価を実施する場合、「行動評価項目」としてこれを活用することで、この定義がより浸透・活用されるものとなる。

※別表「参考」等級定義　他社事例」も参照

等級定義について、よりきめ細かく・具体的に、というクライアント要望をお伺いすることがありますが、今回弊社事例で示している内容以上に細かく定義することはお勧めしません。なぜならば、制度のつくり手側が思うほど社員はそれを見てくれないからです。いくら正確でも、いくら具体的でも、結局社員がそれを読み・活用してくれないと意味がありません。つくり手側の自己満足のような内容にならないように注意が必要です！

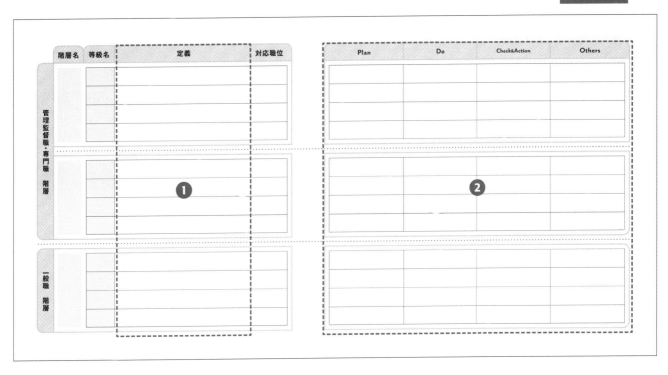

階層名	等級名	定義	対応職位		Plan	Do	Check&Action	Others
管理監督職・専門職 階層		❶			❷			
一般職 階層								

図解 人事制度の改定具体策の検討フレーム サブシート② 等級制度 詳細設計

別表 「参考）等級定義の他社事例 A社」

等級名	定義	対応職位	項目
GM	経営戦略策定に参画し、企業・組織の成果を最大化する	部長	戦略・ビジョン構築 戦略推進 意思決定（決断・決定） 社内外連携 価値創出 組織開発
M	所属部門の戦略策定に参画し、戦略実行することで組織の成果を最大化する	課長	方針・計画策定・浸透 計画推進 意思決定（判断） 組織連携 課題解決 人材育成
L	所属組織の戦略実行することで、組織の成果を最大化する	リーダー	計画立案 計画推進 変化・イレギュラー対応 組織調整 問題解決 人材指導
S	上位者の監督のもと、周囲のメンバーを牽引して、担当業務の成果を最大化する		計画立案 業務遂行 変化対応 コミュニケーション（意思疎通） 業務改善 下位者支援
J	上位者の監督・指導のもと、担当業務の成果を最大化する		計画立案（段取り） 業務遂行 チームワーク コミュニケーション（報告・連絡・相談） 創意工夫 自己研鑽

詳細定義	
	求める行動
	大局的・長期的視野をもって、ビジョン・戦略を立案し、組織に連鎖・浸透させている。
	戦略に従って、複数の部門を統率し、その実現に向けて臨機応変、かつ粘り強く推進している。
	全社最適の観点をもち、迅速・的確に物事を対処する意思決定をしている。
	社内外の関係者と円滑な関係を構築し、最適なコミュニケーション（折衝・交渉）を通じて、これを動かしている。
	過去の延長線上にない未来志向の発想で、ビジネスや社内の仕組みなどにおいて新しい価値を創出している。
	組織人員の状態を的確に把握し、人材を活用して組織力を向上させると共に、自らの後人となる人材を育成している。
	中期的視野をもって、担当組織の方針・目標・計画を立案し、複数の部下・メンバーに連鎖・浸透させている。
	担当組織の方針・目標・計画の実現に向けて、複数の部下を束ね、臨機応変かつ粘り強く推進している。
	全体最適の観点をもち、適宜適切な情報収集の下、迅速・的確に判断している。
	担当組織の関係者と円滑な関係を構築し、最適なコミュニケーションを通じて、動かしている。
	問題に対して、現状を的確に分析し、あるべき姿を描き、課題を把握した上で、適切な改善策を立案・実行している。
	部下・メンバーの特性・能力を把握し能力開発を促すと共に、自らの後人を育成している。
	所属組織の方針・計画を理解し、その実現に向けた目標・実行計画を立案している。
	目標・計画の実現に向けて、適宜適切に進捗管理し、粘り強く取り組んでいる。
	自らを取り巻く環境の変化やイレギュラーな状況において臨機応変に対応し、迅速・的確に対処している。
	上位者や所属組織を取り巻く関係者と円滑な関係を構築し、最適なコミュニケーションを通じて、動かしている。
	様々な問題に対して、現状を的確に分析し、その原因を把握した上で、適切な解決策を立案・実行している。
	メンバーの特性・能力を把握し、業務遂行の支援、能力開発の指導を行っている。
	上位者の監督の下、その実現に向けた目標・実行計画を立案している。
	目標・計画の実現に向けて、適宜適切に進捗管理し、粘り強く取り組んでいる。
	自らを取り巻く環境変化に対し臨機応変に対応し、迅速・的確に対処している。
	相手の意見・意図を的確に把握し、最良な手段・手法によって、自身の考えをわかりやすく伝えている。
	業務遂行における問題を分析し、その原因を把握した上で、解決策を検討し実行している。
	メンバーの状況を把握し、その業務遂行における支援をしている。
	上位者の指示・指導の下、担当業務の行動計画を立案している。
	行動計画に沿って、適宜適切に進捗管理し、着実に遂行している。
	周囲のメンバーと円滑な人間関係を構築している。
	相手の意見・意図を把握し、最良な手段・手法によって、適宜適切な報告・連絡・相談を行っている。
	業務遂行において、より効率的・効果的なやり方はないか創意工夫しながら取り組んでいる。
	自らの成長課題を把握し、能力向上に向けた自己研鑽をしている。

図解 人事制度の改定具体策の検討フレーム サブシート② 等級制度　詳細設計

別表 「参考）等級定義の他社事例　B社」

等級名／定義		I. 将来構想／戦略構築	
MG2	中長期的・全社的な視点をもち、全社戦略の構築に参画すると共に、統率する部門の戦略を構築。これを浸透させ、社内外連携を促進することを通じて、全社的な変革や業績・業務目標達成の責を果たす。	ビジョン・戦略構築力	ビジネス環境を全社的視点で的確に捉え、多数の組織が所属する部門を導くビジョンや戦略を具体的（KGI・KPIや計画）に描き、組織に浸透させている。
MG1	中期的・全社的な視点をもち、全社戦略に基づく部門戦略（戦術）の構築を補佐する。また、その実現に向けて組織の方針・目標・計画を立案・浸透させ、全社連携や部下の成長を促進させることを通じて、部門の改革や業績・業務目標達成の責を果たす。		事業・部門に関わる環境を捉え、全社ビジョン・戦略に基づき、戦術立案に貢献している。また、これに従って、担当する組織を変革へ導く方針・目標・計画を明瞭・具体的に立案し、浸透させている。
SG2	全社戦略・部門戦略に基づく所属組織の方針・目標・計画の立案に参画。その実現に向けて自らの役割を明確化し、周囲を牽引すると共に、組織間連携の促進やメンバーの業務遂行を指導・支援することを通じて、組織の改善や業績・業務目標達成の責を果たす。	戦術構築力	所属する組織の取り巻く環境変化を的確に捉え、組織を変革へ導く方針・目標・計画の立案に貢献している。これに沿って、担当する業務を革新する目標・計画を明瞭・具体的に立案している。
SG1	所属組織の方針・目標・計画に基づき、自らの業務の目標・実行計画を自ら立案。工夫しながらこれを確実に遂行すると共に、組織内連携やメンバーの業務遂行を指導することを通じて、業務改善や業績・業務目標を達成する。		所属する組織の戦術に基づき、担当業務に関する環境変化を的確に捉え、業務を「こうしたい」という意思を反映した目標（達成イメージ・数値など）・計画（活動内容・期限など）を具体的に立案している。
JG2	所属組織の方針・目標・計画の下、上司の指示・助言を踏まえ、自らの業務の目標・実行計画を立案。自りつしてこれを遂行すると共に、メンバーと連携・協働することを通じて、業績・業務目標を達成する。	計画構築力	所属する組織の戦術に基づき、自身が期待される役割を的確に捉え、担当業務に関する目標（達成イメージ・数値など）・計画（活動内容・期限など）を具体的に立案している。
JG1	所属組織の方針・目標・計画や、上司の指示・助言に従い、自らの業務の目標・実行計画を立案。メンバーと協調・協働すると共に、上司・上級者からの指導・支援の下、自発的にこれを遂行することを通じて、業績・業務目標を達成する。		上司からの助言を踏まえ、所属する組織の戦術に基づき、自ら担当業務に関する目標（達成イメージ・数値など）・計画（活動内容・期限など）を立案している。（※但し、立案承認において時に上司からの指導を要することがある。）

等級詳細定義

	Ⅱ. 業務遂行		Ⅲ. 問題・課題解決		Ⅳ. 組織連携・協働促進		Ⅴ. 人材育成・自己成長
戦略推進力	全社戦略の実現に向けて広く組織を統率し、組織の士気を高め、目的・計画に従って組織を迅速に動かしている。また、戦略遂行における進捗状況や環境変化を適宜的確に捉え、必要に応じた対応をすることで、円滑かつ確実にこれを遂行させている。	課題解決力	全社的視点・中期的視点から問題・課題意識をもち、三現主義で事実を多角的・論理的に分析し真因を明確化すると共に、あるべき姿を示し解決・改善に直結する重点課題を設定し、重点集中でこれに取り組んでいる。	全社連携力	社内外のステークホルダーと良好な関係を築き、組織（またはメンバー）が連携を図れる環境をつくり、これを促進させることによって、社内外に及ぶ相乗効果を発揮させている。	人材育成力	組織内の状態を的確に把握し、人材を活性化して組織力を向上させると共に、自らの後人となる部門経営者を育成している。
戦略推進力	戦術の実現に向けて組織を牽引し、担当する組織の士気を高め、目的・計画に従ってメンバーを迅速に動かしている。また、計画の進捗状況や環境変化を適宜的確に捉え、必要に応じた対応をすることで、円滑かつ確実にこれを遂行させている。	課題解決力	常に担当する組織に対して中期的視点から問題・課題意識をもち、三現主義で事実を多角的・論理的に分析し真因を明確化すると共に、あるべき姿を示し解決・改善に直結する重点課題を設定し、重点集中でこれに取り組んでいる。	全社連携力	事業・部門の内外で良好な組織関係を築き、メンバーが連携を図れる環境をつくり、これを促進させることによって、事業・部門内を中心とした相乗効果を発揮させている。	人材育成力	組織内の状態を的確に把握し、人材を活性化して組織力を向上させると共に、自らの後人となる管理職を育成している。
戦術遂行力	戦術（＝事業・部門のビジョン・戦略）推進において上位者をフォローすると共に、率先垂範でメンバーを牽引し、目標・計画に従って迅速に行動している。また、計画の進捗・環境変化を適宜的確に捉え、円滑かつ確実にこれを遂行している。	問題解決力	所属する組織に対する問題・課題意識をもち、その解決・改善につながる対策を意見具申している。また、担当業務の問題を多角的・論理的に分析し、その真因を明確化すると共に、あるべき姿を示し解決・改善に直結する重点課題を設定し、重点集中でこれに取り組んでいる。	部門間連携力	社内外から積極的に情報を収集すると同時に、所属する事業・部門内で良好な人間関係を構築し、連携を図ることを通じて、相乗効果を発揮している。	人材指導力	メンバーの特性・能力を把握し、各自の成長目標を描き、能力開発に向けた指導を行っている。
戦術遂行力	担当業務の目標・計画に従って迅速に行動し、自ら模範を示すことで周囲に影響を与えている。また、計画の進捗状況や環境変化を適宜的確に捉え、対応することで、円滑かつ確実にこれを遂行している。	問題解決力	所属する組織の問題に関心をもち、時にその解決策を意見具申している。また、担当業務に対する問題・課題意識をもち、事実を多角的・論理的に分析し真因を明確化し、あるべき姿を示し、解決・改善に直結する課題を設定し、これに取り組んでいる。	部門間連携力	社内外から情報を収集すると同時に、所属する組織内外で良好な人間関係を構築し、連携を図ることを通じて、相乗効果を発揮している。	人材指導力	メンバーの特徴や成長目標を把握し、彼らを鼓舞して、各自の能力開発を支援している。
業務遂行力	担当業務の目標・計画に従って迅速に行動している。また、自らが主体となって計画の進捗状況や環境変化を適宜的確に捉え、必要に応じた対応をすることで、円滑かつ確実にこれを遂行している。	改善思考力	担当業務に対して問題意識をもち、自らが主体となって事実を分析し原因を明確化すると共に、その解決に向けた効果的な対策を立案し、これに取り組んでいる。	協働促進力	自ら担当業務を取り巻く関係者と良好な人間関係を構築し、調整や連携を図って業務を遂行している。	自己成長力	主に業務遂行に求められる応用的な知識・スキルについて高める機会を主体的に持ち、能力開発をしている。
業務遂行力	担当業務の目標・計画に従って行動している。また、上司からの助言を踏まえ、計画の進捗状況や環境変化を的確に捉え、必要に応じた対応をすることで、確実にこれを遂行している。	改善思考力	担当業務に対して問題意識をもち、上司からの助言を踏まえ事実を分析して原因を把握し、それを解決しようとする言動をしている。	協働促進力	自ら周囲のメンバーと良好な人間関係を構築し、協調して業務を遂行している。	自己成長力	主に業務遂行に求められる基礎的な知識・スキルについて高める機会を主体的に持ち、能力開発をしている。

人事制度の改定具体策の検討フレーム

メインシート

等級制度　　　　　　　　　　　　　評価制度

改定の方向性

階層名	等級名	定義	対応職位
管理監督職・専門職　階層			
一般職　階層			

改定の方向性

等級名	評価方法
成果　結果	
成果　プロセス	
行動	
成果　結果	
成果　プロセス	
行動	
成果　結果	
成果　プロセス	
行動	

報 酬 制 度

改定の方向性

反映（大） 反映（中） 反映（小）

- 賞与
- 昇降給
- 昇降格

- 賞与
- 昇降給
- 昇降格

- 賞与
- 昇降給
- 昇降格

報酬体系	報酬水準（年収イメージ）

報酬

給与

基本給

手当

賞与

年収（万円）　賞与／基本給

等級

人事制度の改定具体策の検討フレーム 記載例

メインシート

等級制度 → 評価制度

改定の方向性
- 仕事基準を中心とする等級運用で、各人の活躍・貢献状態に応じた格付運用を強化
- 高度専門人材を処遇する等級強化

改定の方向性

階層名	等級名	定義	対応職位
管理監督職・専門職 階層 / マネージャー層	MG4	重点事業・機能経営	部長
	MG3	事業・機能経営	
	MG2	高難度組織運営	課長
	MG1	組織運営	
スペシャリスト層	SG3	高度専門	フェロー
	SG2	専門	
	SG1	社内専門	
一般職 階層 / スタッフ層	JG3	メンバー牽引	
	JG2	企画・判断業務	
	JG1	判断業務	
	CD	能力開発	

等級名	評価方法
成果（結果／プロセス）	設定した目標・計画の達成状態を5段階評価（年2回）
行動	役割行動項目に対し5段階評価
成果（結果／プロセス）	設定した目標・計画の達成状態を5段階評価（年2回）
行動	役割行動項目に対し5段階評価
成果（結果／プロセス）	設定した目標・計画の達成状態を5段階評価（年2回）
行動	役割行動項目に対し5段階評価

これ一枚ができれば
人事制度改定の全体像を
握むことができる！

報酬制度

✔マネージャー層は成果重視
✔スペシャリスト層は結果重視
✔スタッフ層はプロセス・行動を重視

改定の方向性

✔役割給に集約し、シンプルかつフレキシブルに報酬を変動
✔等級間の報酬のメリハリ強化

→ 反映（大）　→ 反映（中）　⇢ 反映（小）

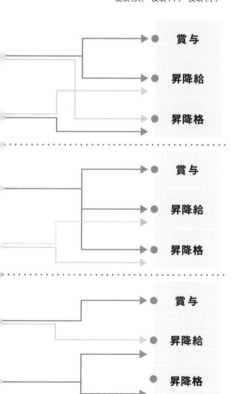

● 賞与
● 昇降給
● 昇降格

● 賞与
● 昇降給
● 昇降格

● 賞与
● 昇降給
● 昇降格

報酬体系	報酬水準（年収イメージ）
報酬	
給与	
基本給	
役割給	
手当	
家族手当	
賞与	
夏季賞与	
冬季賞与	
決算賞与	

年収（万円）

賞与
基本給

1,400

1,200

1,000

800

600

SG3
SG2
MG4
MG3
MG2
MG1
SG1
JG3
JG2
CD　JG1

等級

人事制度の改定具体策の検討フレーム

サブシート① 等級制度 概要設計

現 等 級 制 度

課 題

新 等 級 制 度

階層名／コンセプト	等級名	対応職位
能力基準・仕事基準		

管理監督職・専門職 階層

階層名／コンセプト	等級名	対応職位
能力基準・仕事基準		

階層名／コンセプト	等級名	対応職位
能力基準・仕事基準		

一般職 階層

改定ポイント

人事制度の改定具体策の検討フレーム

サブシート① 等級制度 概要設計

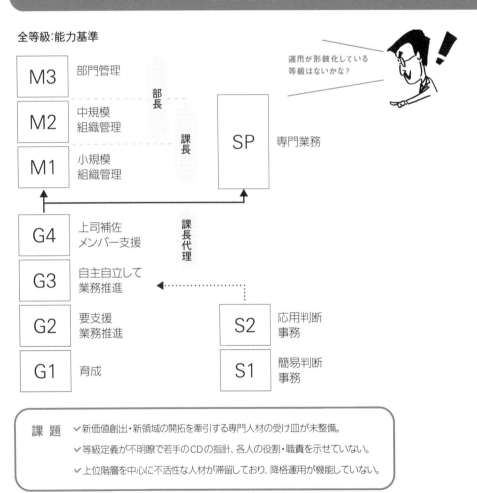

現 等 級 制 度

全等級：能力基準

運用が形骸化している
等級はないかな？

M3	部門管理
M2	中規模組織管理
M1	小規模組織管理

部長

課長

| SP | 専門業務 |

G4	上司補佐メンバー支援
G3	自主自立して業務推進
G2	要支援業務推進
G1	育成

課長代理

| S2 | 応用判断事務 |
| S1 | 簡易判断事務 |

課 題

✓新価値創出・新領域の開拓を牽引する専門人材の受け皿が未整備。

✓等級定義が不明瞭で若手のCDの指針、各人の役割・職責を示せていない。

✓上位階層を中心に不活性な人材が滞留しており、降格運用が機能していない。

新 等 級 制 度

階層名／コンセプト		等級名	対応職位
管理監督職・専門職　階層	マネージャー層　能力基準・**仕事基準**	MG4	部長
		MG3	
		MG2	課長
		MG1	

階層名／コンセプト		等級名	対応職位
スペシャリスト層　能力基準・**仕事基準**		SG3	フェロー
		SG2	
		SG1	

階層名／コンセプト		等級名	対応職位
一般職　階層	スタッフ層　能力基準・**仕事基準**	JG3	
		JG2	
		JG1	
		CD	

改定ポイント

✓ 部長・課長については担当する組織の難易度・重要度に応じて等級を区分。

✓ 専門職については、高度専門人材の受け皿として複数の等級を設計。

✓ 一般層は、総合職・事務職を統合し、仕事の難易度で等級を区分。なお、新卒採用者については、CD（キャリアデベロップメント）層を設置し、3年程度能力開発を実施。

現制度から変えるところを端的に示そう！

人事制度の改定具体策の検討フレーム
サブシート② 等級制度 詳細設計

階層名	等級名	定義		対応職位
管理監督職・専門職 階層				
一般職 階層				

※行動評価項目として活用

Plan	Do	Check&Action	Others

Plan	Do	Check&Action	Others

Plan	Do	Check&Action	Others

人事制度の改定具体策の検討フレーム　記載例

サブシート②　等級制度 詳細設計

階層名	等級名	定義	対応職位
管理監督職・専門職　階層	マネージャー層 MG4	【重点事業・機能経営】 戦略上の重点部門を経営	部長
	MG3	【事業・機能経営】 部門を経営	
	MG2	【高難度組織運営】 戦略上の重点組織を管理・監督	課長
	MG1	【組織運営】 組織を管理・監督	
	スペシャリスト層 SG3	【高度専門】 広く専門領域に影響する高度な専門性を有する	フェロー
	SG2	【専門】 社内外で認められる専門性を有する	
	SG1	【社内専門】 社内で認められる高い付加価値を創出する専門性を有する	
一般職　階層	スタッフ層 JG3	【メンバー牽引】 業務遂行に加え、上司補佐・メンバー支援	
	JG2	【企画・判断業務】 自ら業務の進め方を企画しながら推進する	
	JG1	【判断業務】 指導・基準等に沿って判断しながら業務推進	
	CD	【能力開発】 業務推進のための基礎的能力を開発する	

※行動評価項目として活用

Plan	Do		Check&Action	Others	
ビジョン・戦略構築	戦略推進	社内外連携	革新促進	組織開発	
ビジョン・戦略構築	戦略推進	全社連携	改革促進	組織開発	
方針・戦略立案	戦略推進	部門間連携	改善促進	部下指導	
方針・戦略立案	管理監督	組織間連携	改善促進	部下指導	

これを行動評価に使えば
等級とのつながりも
バッチリ！

ビジョン提言	社内外連携			専門性伝承	
戦略提言	全社連携			専門性伝承	
方針提言	部門間連携			専門性伝承	

業務計画立案	業務遂行	交渉	改善	上司補佐	下位者支援
業務計画立案	業務遂行	調整	課題解決	能力開発	
業務計画立案	業務遂行	チームワーク	問題解決	能力開発	
段取り	業務推進	協働	創意工夫	報告・連絡・相談	能力開発

偽物を排除するために必要な箱もある！

かつて日本の企業では、いわゆる年功序列により、在職歴が長い（年齢が高い）人は"ほぼ自動的"に、ある程度の管理職ポジションまで昇格・昇進できるということが行われていました。

現在では、かつてのような完全な年功序列による昇格・昇進を実施している企業は少ないでしょうが、それでも在職歴が長い人はなんらかの上級職ポジションに就かせようという運用をしている企業は、多数派だと思われます。

実際、管理職としての適切、能力のない人が、管理職についてしまっているということはよく見られます。管理職としての役割を果たすには、在職年数の長さとは関係なく、相応の能力、適性が必要であることは当然なので、それを持たない人が管理職に就いてしまっていることは、組織や部下にとってまず不幸です。それだけではなく、向かないポジションに就かされている本人にとっても、決して幸せな状態ではありません。かといって、いったん管理職になった人を、一般職に降格させることは「かわいそう」という理由で、ほとんどの企業では、降格人事は行わないでしょう。多少の不適任であれば目をつむっておくということになります。

あるいは、あまりにも不適任であり、どうしても管理職から外したい場合には、本来の専門的な能力がないにもかかわらず、上級職としての専門職に移行させるという運用をしていることもあります。

本文でも触れたように、そのようにして、専門職コースが本来の意図から外れて、「管理職崩れの吹きだまり」のようになってしまっていることすらあるのです。

本来であれば、そういう人は能力、適性に応じて、一般職に降格させることが筋です。しかし、多くの日本企業では、「かわいそう」という理由で、それができないという現実があります。

そのような温情主義も悪い面ばかりではないとは思います。しかし、いうまでもなくそのような不活性な人材の滞留は企業にとってのムダです。さらに、本当に必要な専門職の育成ができないといったことになれば、経営戦略実現の障害にすらなります。

人事制度改定による等級の見直しや再格付けは、等級と人材が見合っていない不適切な処遇状況を一掃する、絶好の機会となります。

しかしそれでも、経営トップから、人事の内部から、あるいは現場から、そのような厳格な再格付けをすることが「かわいそう」という声が出ることはあるかもしれません。

「あいつはもう何年も一般層にいてかわいそうだ」

「管理職を外されるなんてかわいそうだ」

「専門職の任を解かれてかわいそうだ」

こういう声は、本当によく聞きますし、長く人事の仕事をしている人なら一度ならず聞いたことがあるはずです。本来であればそういう組織文化自体を変えていくべきだと思いますが、現実的に難しいこともあるでしょうし、時間もかかるでしょう。

そんな場合に、用いていただきたいのが、「専任職」という容れ物をつくることです。これは、「等級数の決め方」の項目で、後に説明すると述べておいたところです。

要するに、「管理職や専門職に就くだけの適性、能力はない。しかし、在職年数は長く一般職にしておけばかわいそうという声が出る」。そういう人に就いてもらうためのいわば「必要悪」としての役職です。

ここで理解しておいてもらいたいのは、専任職をつくるのは、その本人のためというより、管理職や専門職からそういう人たちを排除することで、本当にその任にふさわしい人たちに活性化してもらうためだということです。

本来その任にふさわしくない人が同じ等級にいるとなると、どうしても能力のある人が、やる気を減じられます。そこでそういう人を排除することで、本来活躍して欲しい人に十分活躍してもらうということが、本当の意図です。

また、処遇を決める評価者や人事担当者にとっても「降格させる」ことよりも、「専任職に就いてもらう」というほうが、心理的なハードルが下がります。

「専任職」の設定は、あくまで必要悪、次善策ではありますが、有効な方法になる場合もありますので、ぜひ知っておいてください。

STEP
4

評価制度

社員の成長・行動を
マネジメントする

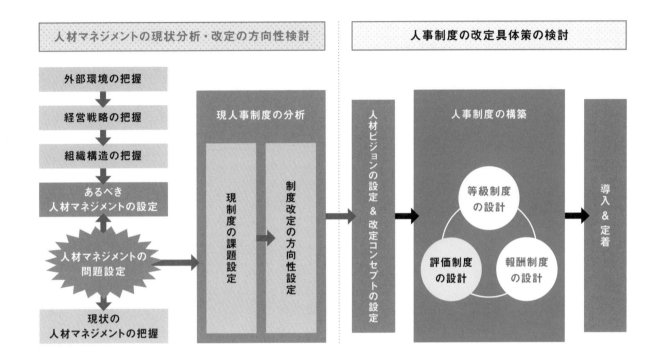

人材マネジメントの現状分析・改定の方向性検討

人事制度の改定具体策の検討

外部環境の把握

経営戦略の把握

組織構造の把握

あるべき
人材マネジメントの設定

人材マネジメントの
問題設定

現状の
人材マネジメントの把握

現人事制度の分析

現制度の課題設定

制度改定の方向性設定

人材ビジョンの設定＆改定コンセプトの設定

人事制度の構築

等級制度
の設計

評価制度
の設計

報酬制度
の設計

導入＆定着

このSTEPで作成するフレームワーク

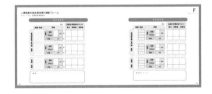

1　評価制度の役割

　本STEPでは、人事制度の2つ目の主要要素である評価制度について見ていきます。

　評価制度は等級制度と密接な関係があります。必要に応じて、前STEPも参照しながら、読み進めてください。

▌評価制度には社員の行動と戦略とをつなげる役割がある

　本書の一貫したテーマ「経営戦略実現のための人事制度改定」という前提から見たとき、評価制度のもっとも重要な役割は、「戦略実現のための行動変容を促進させる」という面だといえるでしょう。

　新しい戦略を実現するためには、社員にも、それまでとは異なる仕事への取組み方、つまり、行動や態度、考え方の変容が求められます。社員がそれまでと同じ仕事のやり方や考え方をしていたのでは、組織全体として同じような成果しかもたらされません。

　そこで、戦略実現に向けた社員の変容を促すための「仕掛け」の1つとして評価制度を用いるのが、人事担当者の重要な任務になります。

　これには、①目標管理制度をはじめとした成果評価（定量評価）によって、業績に直結する具体的な業務活動内容を変化させるという面と、②行動・態度評価などの定性評価によって、もう少し日常的な、仕事へ取り組む姿勢や考え方を変化させるという2つの面があります。

　価値観や考え方そのものは、人事評価の対象にはなりませんが、人事評価を通じて行動や態度の変容を促すことで、結果的に、それらを生み出しているベースにある価値観や考え方を変えていくことにつながるというわけです。

　このようにして、戦略の実現に向けた社員の役割や目標を明確化して、行動をディレクション（方向付け）あるいはコントロールすることが、評価制度の重要な役割になります。

▌主な評価制度の機能

　それ以外にも、人事制度は様々な機能を持ちます。

　貢献査定は、昇格・降格などの処遇や給与、賞与などを決める基準となる役割です。

　マネジメントの質向上とは、管理者がどの

戦略

（これまでと違う結果）

評価制度を使って、
社員の行動を変化させる

具体的な活動内容を
変化させる ── ① **成果評価**
（結果＋プロセス）

仕事への取組み姿勢や
日常の態度・行動を変化させる ── ② **行動評価**
（価値観・考え方を変化させる） （態度・行動・発揮能力）

これまでの結果

これまでと同様のやり方

STEP ZERO

STEP 1.

STEP 2.

STEP 3.

STEP 4.

STEP 5.

LAST STEP

ように部下を育成・指導すればいいのかの基準となる役割です。

　そして社員各自の能力を把握し、必要な能力開発をするためにも、人事評価が参照されます。

この4つの機能がすべて発揮されている状態こそ、評価制度が真に活用できていると言えるのです！

人事評価が果たすべき 4 つの機能

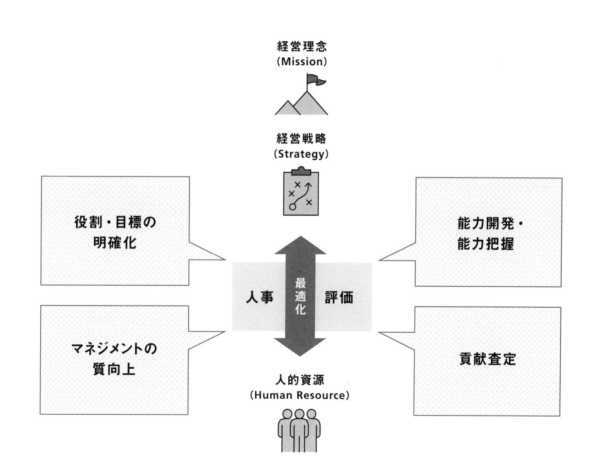

STEP ZERO

STEP 1.

STEP 2.

STEP 3.

STEP 4.

STEP 5.

LAST STEP

2　評価制度の現状分析、再び

　STEP3の等級制度の現状分析と同様、ここでも、一度STEP1の「人材マネジメントの現状分析・改定の方向性検討フレーム」で掲載した「人事制度の分析」に立ち返り、「評価制度」の制度面と運用面の現状を分析し、課題を抽出しておきましょう。

　現状の評価制度を、成果評価（定量評価）と、行動評価（定性評価）に分け、それぞれについて制度面と運用面を見ていきます。

　分析のポイントは、図で確認してください。重要なポイントについては、後でまた触れます。

「人事評価の三大原則」は守られていますか？

①評価期間の事実だけを評価
人事評価は、評価期間内の事実だけが評価の対象です。過去や将来の期待を入れて評価していませんか？

②表面化された事実だけを評価
人事評価は、表面化された事実だけが評価の対象となります。やる気・意欲や潜在能力といった具体的な行動、成果になっていないことを評価していませんか？

③評価の対象となる事実だけを評価
人事評価は、会社で定められた評価項目において、評価の対象となる事実だけが評価されます。評価項目にないことを、勝手に考慮して評価していませんか？

成果・行動評価の分析ポイント

	制度上の分析ポイント	運用上の分析ポイント
成果評価 **（結果＋プロセス）** 	・結果とプロセスの評価が区分されているか ・目標の設定数が多すぎないか？ ・係数が多すぎて評価算出がややこしくないか？	・目標・計画の連鎖性が明確か？ ・達成基準（指標・水準）が明確か？ ・進捗確認は定期的に行われているか？
行動評価	・評価項目が多すぎないか？ ・評価内容（定義）が抽象的過ぎないか？ ・評価内容が現状の事業・業務のやり方とマッチしているか？	・評価期間以外のことが評価されていないか？ ・評価内容（定義）以外のことが評価されていないか？ ・結論ありきで評価されていないか？（逆算割付け・印象評価）

STEP ZERO

STEP 1.

STEP 2.

STEP 3.

STEP 4.

STEP 5.

LAST STEP

3　評価制度の種類

　次に評価制度の種類について確認します。

　評価制度には、「その人のどこを、どう見るのか」によって様々な種類があります。そして、その評価の種類によって、先に述べた変容を促す（コントロールする）対象も異なります。

　前提として、評価する対象の人にまつわる様々な属性を、「成果」「行動」「技術・技能」「知識」「考え方・価値観」の5つに分類します。

　「成果」と「行動」は、顕在的（目に見える）要素であり、「技術・技能」「知識」「考え方・価値観」は、潜在的（目に見えない）要素です。

　基本的にこれらのすべてが、なんらかの評価の対象となりますが、評価される枠組みは異なります。

▌狭義の人事評価（人事考課）は、顕在化された部分を中心に見る

　まず、顕在化された成果や行動について評価するのが、いわゆる「人事評価」あるいは「人事考課」と呼ばれる枠組みです。一般的には、「人事制度の中の評価制度」＝「人事評価」という意味で使われることもあるため、少々ややこしいですが、正確には「人事評価」は、評価制度の一部をなす要素なのです。その点を特に強調したいときは「狭義の人事評価」と呼びます。また、「人事考課」という言葉が用いられることもありますが、それは「狭義の人事評価」と同じ意味です。

　人事評価には、成果を対象として評価する部分があります。これは、「結果評価」「業績評価」「成果評価」「貢献評価」など、呼び方は企業によって異なります。この部分への評価を通じて、社員の業務目標や役割に対する行動がコントールの対象となります。

　また、人事評価には「行動」や「技術・技能」（潜在的）を評価する部分もあります。これは「行動評価」「コンピテンシー評価」「能力評価」などと呼ばれるものです。この部分への評価を通じて、社員の日常的な態度、行動、あるいは、能力開発の内容や方向性をコントロールすることを目指します。

▌潜在的な部分への評価

　次に主として潜在的な部分への評価をする方法です。まず、「技術・技能」については「スキル評価」、「知識」については「知識評価」、そして「考え方・価値観」については「適性評

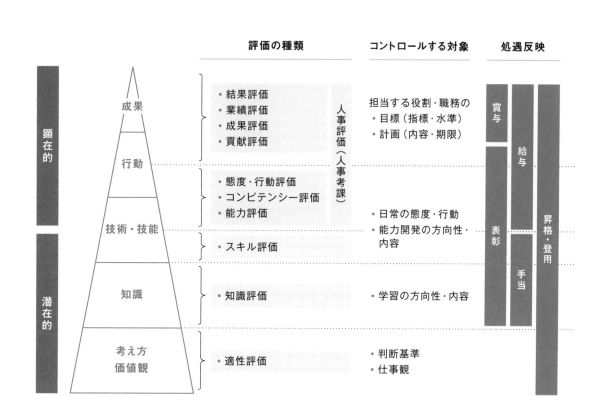

| 評価の種類 | | コントロールする対象 | 処遇反映 |

顕在的

潜在的

成果
行動
技術・技能
知識
考え方
価値観

人事評価（人事考課）

- 結果評価
- 業績評価
- 成果評価
- 貢献評価

- 態度・行動評価
- コンピテンシー評価
- 能力評価

- スキル評価

- 知識評価

- 適性評価

担当する役割・職務の
- 目標（指標・水準）
- 計画（内容・期限）

- 日常の態度・行動
- 能力開発の方向性・内容

- 学習の方向性・内容

- 判断基準
- 仕事観

賞与

給与

表彰

手当

昇格・登用

STEP ZERO
STEP 1.
STEP 2.
STEP 3.
STEP 4.
STEP 5.
LAST STEP

価」がそれぞれ実施されます。知識評価は、業務上の学習の方向性や内容をコントロールします。また、適性評価はベースとなる仕事観、価値観などに関するもので、意図的なコントロールというより、間接的に影響を与える程度になるでしょう。

■ 基本的に処遇は人事評価で行うが、昇格条件には他の要素を含めたほうがいい

　昇格、昇給や賞与の決定などの基本的な処遇には、狭義の「人事評価」を中心に用います。

　人事評価の中でも、成果への評価（業績評価など、定量評価）は、その期を基準とした短期的なものになるので、給与にも影響は与えつつ、主に賞与などの短期的な処遇に反映させることがよいとされます。

　一方、行動評価のような定性評価は、もう少し長いスパンでの変化を見るべきものです。これは、賞与よりも長い期間にわたって影響が出る昇給、昇格などにより強く反映させたほうがよいといえます。

　一方、「スキル評価」、「知識評価」「適性評価」などが利用される場面としては、一時的な手当や表彰などの場面があります。また、処遇とは少し意味が異なりますが、採用時には、主に潜在的な評価が重視されます。

　先にも述べましたが、昇格、特に一般職から管理職になるといった大きな段階の変更や、新たに設立する組織の長への登用などの際には、人事評価を利用するのは当然として、それだけを条件にしないほうがよいでしょう。昇格・登用の際には、潜在的な部分に対する評価、さらには多面評価、試験・面談、社外の専門機関によるアセスメントなども用いられることが増えています。

4　"強制ギプス"としての行動評価のつくり方

　成果評価（定量評価）と行動評価（定性評価）、それぞれの具体的な評価項目の中身について見ていきましょう。

　成果評価の評価項目はわかるけれど、行動評価の評価項目のつくり方がわからないという声をよくお聞きするため、行動評価から説明します。

　行動評価といっても、社員の行動や態度について、何から何まですべてチェックし、評価することはもちろんできません。そこで、一般職であれば業務遂行の際に、また管理職であればマネジメントの際に求められる、特に重要なポイントとなる行動を絞り込み、そこを評価します。その評価を通じて、戦略実現のために望ましい行動へと導く"強制ギプス"のような役割を、行動評価は果たすのです。

　行動評価項目は、STEP3で説明した「等級定義」と表裏一体の関係にあります。したがって、すべての等級についてしっかりした等級定義ができていない場合は、まず等級定義の設計から着手しなければなりません。ここでは等級定義は定められていることを前提とします。

　等級定義と照らして、各等級において、「評価される行動は何か」、また、「標準とみなされる行動は何か」を記載していきます。

　行動評価を"強制ギプス"として捉えるのであれば、これらの項目が"強制"すべき行動の具体的な内容ということになるのです。

1つの等級につき、設定する項目は8項目以内がお勧めです。それ以上設定しても細かすぎて現場では運用されないことが多いですよ！

行動評価のつくり方

① まず、行動評価を設定する前提となる各等級定義を確認し、求められる役割・職責、発揮能力の状態を把握する。

② ビジネスはすべて「PDCAサイクル」で動いていることから、これを軸に各等級定義に沿った行動がとれている状態を図る着眼点（行動評価項目）を設定する。共通軸に基づき、項目を設定することで、等級の違いによる求める行動評価項目の違いや、行動レベルの違いが表現しやすくなる。

階層名	等級名	定義	対応職位
マネージャー層	MG3	【事業・機能経営】経営者を補佐し本部を運営	本部長
	MG2	【高難度組織運営】組織を束ね（部）管理・監督	部長
	MG1	【組織運営】組織（課）	部長
スタッフ層	JG3	【企画・判断業務】自ら業務の進め方を企画しながら推進	
	JG2	【判断業務】指導・基準等に沿って判断しながら業務推進	
	JG1	【能力開発】業務推進のための基礎的能力を開発する	

Plan			Do			Check & Action	Others	
ミッション・戦略構築			戦略推進	全社連携		改革促進	組織開発	
方針・戦略立案			戦術推進	部門間連携		改善促進	部下指導	
方針・戦略立案			管理監督	組織間連携		改善促進	部下指導	
業務計画立案			業務遂行	交渉		課題解決	上司補佐	下位者支援
業務計画立案			業務遂行	調整		問題解決	能力開発	
段取り			業務推進	協力		創意工夫	報告・連絡・相談	能力開発

※行動評価項目として活用すると同時に、各等級の詳細定義にもなる。

③ 行動評価項目についての具体的な期中の行動がわかる詳細定義を設定する。詳細定義についても、等級間の違いがわかるようにポイントとなる点を明確化する。

（例）

交渉	広く所属組織内外で良好な人間関係を構築し連携を図ると共に、利害が一致しない際は交渉することで相手からの協力を引き出している。
調整	担当業務を取り巻く関係者と良好な人間関係を自ら構築し、調整や連携を図って業務を円滑に遂行している。
協力	周囲のメンバーと良好な人間関係を自ら構築し、協力して業務を遂行している。

上下の等級の違いがバッチリ！

5　MBOを実現する目標管理の仕組みづくり

　目標管理制度＝MBOが「Management by Objectives」の頭文字であることをご存じの方は多いかもしれません。しかし実は、MBOの概念を最初に提唱したピーター・ドラッカーは、この後に「Self Control」（自己統制）という語をつけて、「MBO&SC」と呼んでいました。この意義について、日本ではあまり理解されていないのですが、重要なポイントなので少し触れておきます。

■ドラッカーによる「MBO&SC」の真髄

　「MBO&SC」の意義は、期初に何をするのかという役割目標を明確にすることで、期中における達成に向けたSelf Controlのプロセス、つまり自律的、主体的な行動管理を引き出そうという点にあると私たちは理解しています。管理者側から見ると、目標から逆算した進捗状況を期中に随時把握しておけば、各自の主体性によるその遂行を支援することができるというわけです。これが、ドラッカーのいうMBO&SCの全体像なのです。

　ところが、日本においては、前半のMBOだけが強調されて、期初に設定された目標が期末の結果としてどれだけ達成されているか「だけ」を把握して評価する、つまり、目標達成をしたのかしなかったのかだけを見るような、結果主義のツールのような捉え方をされてしまっています。

　しかし、それでは評価ツールとしての有効性は低くなります。MBOは、期中に主体性を発揮した行動ができたかどうかというSCと、その遂行への支援をセットとして活用されてこそ、真価を発揮するものなのです。したがって、「MBO」と（&SCをつけずに）述べられたときであっても、その背景には、本人が主体的に（Self Control）役割遂行を果たそうとすることを支援する仕組みが組み込まれていなければならないのです。

■MBO&SCを実現するための評価シート作成のポイント

　以上のようなMBO&SCの考え方を実現するためには、評価シートのつくり方が非常に重要です。これが絶対というわけではありませんが、その考え方を織り込んだサンプルの評価シートは、次のようなものです。ポイントとなる部分を解説します。

MBO&SCを実現するための評価シート例

Mission

会社	ビジョン		達成目標	
所属組織	ビジョン	❶	達成目標	
個人	担当役割			

Performance

	重点実施事項			進捗確認					成果		評価	
テーマ	達成基準	実施事項・計画		○ヶ月目	○ヶ月目	○ヶ月目	○ヶ月目	○ヶ月目	結果	実施内容	本人	上司
			チェック									
			良い点									
			改善点									
		❷	上司補佐	❸								
			チェック									
			良い点									
			改善点									
			上司補佐									

Role behavior

			評価根拠	本人	上司
		❹			

❶
全社・組織目標と個人の担当役割（ミッション）の明確化

❷
「テーマ（目的）」「目標」「プロセス」を区分して明確化
※目標達成状態とプロセスの実行状態を区分して評価できるようにする
※期初に目標設定の妥当性を検証する機会を創出する

❸
期中の継続的な進捗確認の仕組み化
必要に応じた目標・計画の見直しのルール化

❹
設定した目標以外の貢献に報い、各人の役割・職務に合った行動がとれているか検証する評価項目の設定
※等級・グレードを決める軸を評価項目として活用

①全社・組織目標と個人の担当役割（ミッション）の明確化

個人からスタートするのではなく、必ず組織全体の目標からスタートします。そしてその中で個人の役割が何なのかを定義します。

②「テーマ（目的）」「目標」「プロセス」を区分して明確化

目標設定においては、目標達成状態とプロセスの実行状態を区分して評価できるようにすることが、非常に重要です。

評価時点で、目標達成状況がよかったのか、それとも、それに向けたプロセスの行動がよかったのかを混同して、玉虫色の評価にしてしまう会社が多いのです。結果として業績が達成できたかどうかだけを評価することはよくないでしょう。しかし逆に、過度にプロセスを重視して、業績達成度合いが低いときに、プロセス評価を調整弁にするような運用も不適切です。

両者をきちんと切り分けて、別個に評価できるような評価シートにしておくべきです。

③期中の継続的な進捗確認の仕組み化。必要に応じた目標・計画の見直しのルール化

ビジネス環境の変化が激しい現在、半年あるいは1年の間で状況が大きく変わることもあります。期初に立てた目標が、期中にずっと変わらずに適切であるということが難しくなっています。期中にも定期的、継続的に進捗状況を確認しながら、必要に応じて目標設定や計画を見直せる仕掛けを入れておくのが重要です。

ただし、これは「目標が達成できそうもないときには、目標を下げたほうがいい」という話ではありません。あくまで、目標設定段階での前提となっていたビジネス環境や所属組織の目標などが変わった場合、つまり、目標を設定したときの前提が変わり、当初の目標が重要ではなくなってしまったような場合には、本人の目標や求められるプロセスも変える必要があるということです。

よく評価には、被評価者（評価される人）の「納得感」が重要だという話がありますが、納得感の前提には、その目標が、きちんと目指すべき目標であることが前提です。社員に「そんな目標を目指しても意味がないのでは？」と感じられるようでは、評価への納得感も得られません。

④設定した目標以外の貢献に報い、各人の役割・職務に合った行動がとれているか

　MBOは、設定された目標を基軸に管理するものですが、それ以外の貢献も評価に加味できる部分を設けておくとよいでしょう。

STEP ZERO

STEP 1.

STEP 2.

STEP 3.

STEP 4.

STEP 5.

LAST STEP

6　成果評価・行動評価の評価段階・ウエイトの設計

次に、成果評価、行動評価の評価段階のつくり方や処遇などに反映させるための評価を出す際のウエイトのつけ方を解説します。

成果評価の評価段階・基準例

成果評価は、その業績達成度合いに応じて、評価段階を定めます。その際に、評価の段階数を決める必要があります。

もっともシンプルな評価であれば、「良い・標準・悪い」の3段階でしょう。しかし通常、それではおおざっぱすぎることになります。そこで、「良い」と「標準」の間に「やや良い」を設け、「標準」と「悪い」の間に「やや悪い」を設ければ5段階になります。

会社によっては評価者である上司が評価に悩んだときに、「こことここの中間くらいなんだ」と言い出して、どんどん細分化していき、10以上もの区分になってしまっていることがあります。微妙なニュアンスを反映させたいという評価者の気持ちもわかりますが、段階が多すぎると、たとえば10段階あっても、「6」と「7」がどう違うのかは曖昧になります。評価された本人にとっても、わかりにく

いでしょう。一般的には、5段階が、成果評価区分の段階数として適切です。

行動評価の評価段階・基準例

行動評価は、行動評価項目の期中における実行度合いに応じて、評価段階を定めます。行動評価は成果評価と異なり、明確な目標設定をした上で評価するわけではないので、評価が曖昧になりがちです。行動評価のつくり方で説明したポイントに従って評価項目を作成し、期中に具体的な行動の表出レベル・頻度を評価基準とし、5段階で評価するのが運用しやすいと思われます。

成果評価の評価段階・基準例

結果評価（定量）基準	
評価区分	評価基準
5	120以上
4	106～119%
3	95～105%
2	85～94%
1	85%未満

結果評価（定性）基準	
評価区分	評価基準
5	予定の状態・期日を大きく上回る達成
4	予定の状態・期日を上回る達成
3	予定の状態・期日を達成
2	予定の状態・期日を下回る達成
1	予定の状態・期日を大きく下回る達成

プロセス評価基準	
評価区分	評価基準
5	計画を大いに上回る実行
4	計画を上回る実行
3	計画通りの実行
2	計画を下回る実行
1	計画を大いに下回る実行

行動評価の評価段階・基準例

----- 実際の行動・取組み　――― 標準行動

評価段階	基準	行動・取組の表出イメージ
5	標準を大きく上回る行動がとれている（上位等級レベル相当）	上位等級／標準／下位等級
4	標準を上回る行動がとれている	上位等級／標準／下位等級
3	標準的な行動がとれている（標準）	上位等級／標準／下位等級
2	標準的な行動がとりきれていない	上位等級／標準／下位等級
1	標準的な行動がとれていない（下位等級レベル相当）	上位等級／標準／下位等級

評価制度は、会社の思想を示すもの

　成果評価と行動評価のウエイト、あるいは、それぞれの評価の中でも、どの項目を重視するのかは、一律であってはならず、等級や処遇によって変えるべきです。これは、一般職の社員と、管理職の社員、それぞれにどうあって欲しいかという会社の思想を示すものです。

　管理職の社員には、より組織の成果評価に重きを置いたウエイト割合にするべきですが、これは、自分の行動だけではなく、部下も含めた全体への責任を持って欲しいというメッセージに他なりません。

　一方、一般職においては行動評価のウエイトを高くし、その中でもより低位の等級になるほどその割合を増やせば、「我が社の社員としてふさわしい行動を確実に身につけてほしい」というメッセージを伝えることになります。

　このように、評価制度は、会社として社員にどうなって欲しいと考えているのかという、会社の思想を伝えるメッセージでもあるのです。

7 評価決定方法の設定

評価項目や評価段階を設計した後は、その決定方法を決めなければなりません。

絶対評価か、相対評価か

評価の基準として、他の人と関係なく、個人の評価をそれぞれ評価基準と照らして評価する「絶対評価」と、組織やチームのメンバーを順位付けて、必ず一定の評価レベルに一定の割合の人を割り当てる「相対評価」があります。

これは、一般的には絶対評価のほうがよいに決まっています。

「あなたの業績と行動は、評価基準と照らしてこれくらいだから、この評価になります」と伝えられれば、被評価者も納得しやすいでしょう。また、評価を上げるためにはこれとこれが実現できればいい、ということも客観的に示せるので、"行動強制ギプス"としての評価制度の役割にもマッチします。

しかし、現実的には、大きな差が付く評価になることを評価者が避けるために、中央付近の評価となる人の割合が実際よりも増えたり、あるいは、より寛大な方向（良い評価）への評価が増えたりすることがあります。

つまり、実態を反映していない評価になってしまうことが、絶対評価の運用においてはよく見られるのです。

評価者としては「みんな自分なりにがんばっているのに、悪い評価は与えにくい」と感じてしまうことが要因です。実際、どの会社でも、よほど変な人がいない限り「みんながんばっている」ということは、事実でしょう。しかし、それでは評価の意義が薄れてしまいます。

そこで、そういう文化が払拭されるまでの期間、相対評価を導入するという考え方もあるでしょう。

たとえば、1から5までの5段階評価であるなら、それぞれに必ず20%ずつ割り当てる、という風に決めてしまうのです。みんながんばっていることは前提として、中でも誰の努力が会社にとって貢献が大きかったのかをはっきりさせるのです。そのような文化が定着したら絶対評価に再度変更します。

絶対評価では、どうしても中央化傾向や寛大化傾向が出てしまうという会社の場合、いわば「必要悪」として相対評価を一時的に導入するという方法もあります。

8　信賞必罰を具現化する昇格・降格条件の設定

　最後に、ある等級から別の等級への「動かし方」を決めます。つまり、昇格・降格条件の設定です。

昇格条件設定のポイント

　昇格条件において大切なのは、人事評価を基軸としながらも、人事評価以外の項目も採り入れることです。

　たとえば「昇格審査」という形で論文や面接を入れるというのは、よく用いられます。

　人事評価というのは、等級定義と照らして、業務において求められる行動、態度がきちんと取れているか、また、業績結果が出せているか、ということに基づいてなされるものです。これはこれで、もちろんきちんと見ていくべきものです。

　しかし、たとえば一般職からマネージャーへの昇格、課長職から部長職への昇格などは、それまでとは大きく異なる質の職務、貢献が求められる節目になります。そこで、人事評価以外でも、適性などを審査することが必要になるのです。特に上級職の場合は、外部機関によるアセスメント研修などを実施するこ

とも増えています。

　これによって、マネジメントの適性がない人を管理職にしてしまうことで生じる、ハラスメントなどのリスクを防止することにもつながります。

　プロスポーツ界において、「名選手が必ずしも名コーチ、名監督になれるわけではない」ということがよく見られます。それと同様に、業務において高い成績を上げたプレイヤーとして優秀な人が、必ずしも管理職への適性があるとは限らないのです。

　それをチェックするためには過去の事実を確認するための人事評価だけでは不十分であり、それ以外の視座が必要になるということです。

降格条件設定のポイント

　降格条件設定のポイントは、「降格候補」（降格者ではなく、あくまで候補）の人が、きちんと析出されるような条件を設定することです。

　一般的に、人事において降格者を出すことはネガティブに捉えられがちです。たしかに、

降格者を自動的に決めるような仕組みはあまりよいものとはいえませんが、降格の候補者を適切に析出することは、決してネガティブなことではありません。

　組織の中において、任命された職場と本人の適性が合わない、あるいは、上司との人間的な"そり"が合わないということは、どうしても生じてしまいます。そういった原因で活躍しきれていない人を、降格候補者としてきちんとあぶり出すことができ、その原因を突き止めることができれば、その人がより活躍できる場に配置転換するなどの対応が可能になります。いうまでもなく、会社にとっても本人にとっても有益なことです。

　ところが、降格候補者を出したくないという理由で、なんとなく中央に寄せた評価にしてしまったりすると、せっかくの能力を腐らせてしまっている人を、見つけることができなくなってしまうのです。

　降格条件をしっかり設定して、常に「この人は、能力に見合う活躍を十分にしていないのではないか」という降格候補者を析出することは、人材を十分に活用するという観点においては、非常に重要なポイントなのです。

図解 人事制度の改定具体策の検討フレーム サブシート③ 評価制度 概要設計

現在の評価制度の状態と課題を整理すると共に、改定のポイントを明確化した上で、各階層の評価すべき軸や、処遇に対する評価の反映ウエイトなど新たな評価制度の概要を設計する。

❶ 現評価制度の記載と課題整理

現在の階層／等級に対して、どのような評価軸で評価を実施し、それを賞与・昇降給・昇降格の処遇に対してどのくらいのウエイトで反映しているのかを記載する。先の現状分析と制度上・運用上の分析ポイントを踏まえて、改めて現制度の課題を簡潔に記載する。なお、ここで抽出する課題は、評価軸や評価反映ウエイトに関するものに留まらず、広く評価制度に関わる課題を上げること。また、ここで抽出された課題は、新評価制度で盛り込むべき改定ポイントとなる。

❷ 新評価制度の概要設計

各階層の特性に合わせて、成果評価について結果とプロセスをどのくらい加味して評価を決定するのか、またそこで得られる成果評価と行動評価を踏まえて、賞与、昇降給、昇降格の処遇に対しどれくらいのウエイトで評価反映するのか、基本的な考え方を設計する。

賞与・昇降給・昇降格の処遇に対する一般的な評価反映ウエイトの考え方は次の通り。

賞　与	成果評価の反映ウエイト
昇降給	
昇降格	行動評価の反映ウエイト

次に階層別に見た場合の一般的な評価反映ウエイトの考え方は下記の通り。一般職については、より行動評価のウエイトを高く反映させる、一方で専門職のように個人の専門性をもって活躍する人材については、より成果評価（結果）のウエイトを高く反映させる。なお、管理職についても専門職同様に成果評価（結果）に対するウエイトを高めるべきであるが、組織開発・部下育成といった要素も重要となることから、これらの行動についても加味して評価できるとよい。

管理監督職 ・専門職	専門職	成果評価の反映ウエイト
	管理職	
一般職		行動評価の反映ウエイト

なお、成果（結果・プロセス）および行動のすべてを評価、あるいは処遇へと反映する必要はない。たとえば、専門職については行動評価は実施しないという考え方や、賞与は成果評価のみを反映させるといった考え方もあり得る。

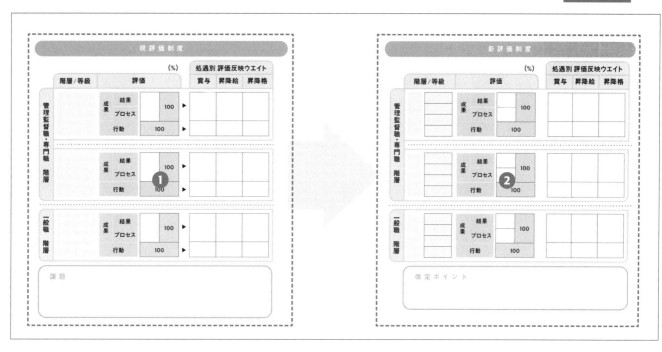

> **サ**ブシート③で設計した新たな報酬制度の概要に基づき、各階層の評価方法や評価段階・基準を設計する。また、これに合わせて誰を誰が評価するのか一次・二次・承認の評価プロセス・権限を明確化する。

❶ 評価方法／評価段階・基準の設計

　各階層の特性に合わせて、まずは成果評価における結果とプロセスの評価方法を検討する。一般的にはMBO（目標管理制度）の仕組みが使われることが多い。

　次に、行動評価についてどのような評価方法で実施するかを検討する。

　そして、上記成果評価と行動評価それぞれの結果に基づき、最終的にどのような評価段階・基準で評価マークをつくるのかを設計する。

　評価段階は「P160　6.成果評価・行動評価の評価段階・ウエイトの設計」でも解説した通り、あまり評価段階が少ないとメリハリがつきにくくなる。一方で多くし過ぎても結局本人にとって良い評価なのか悪い評価なのか曖昧になりやすいので注意を要する。

❷ 評価決定のコンセプト設計

　評価方法／評価段階・基準が決まったら、合わせて評価決定のコンセプトを決める必要がある。こちらは人事制度改定コンセプトで「評価のメリハリ」を「アグレッシブ」にしている場合は、一般的に相対評価の運用とする場合が多い。一方で

「マイルド」にしている場合は、絶対評価の運用をとることが多い。ただ、すべての階層を同じコンセプトにするのではなく、階層の特性に合わせてコンセプトを変えるのも良い。

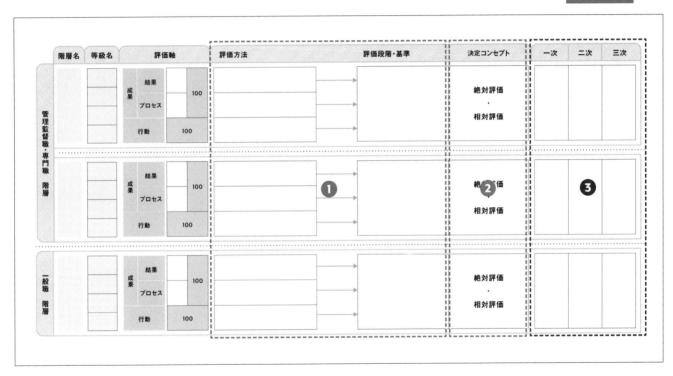

階層名	等級名	評価軸		評価方法	評価段階・基準	決定コンセプト	一次	二次	三次
管理監督職・専門職 階層		成果	結果			絶対評価・相対評価			
			プロセス 100						
			行動 100						
管理監督職・専門職 階層		成果	結果	❶		絶対評価 ❷ 相対評価	❸		
			プロセス 100						
			行動 100						
一般職 階層		成果	結果			絶対評価・相対評価			
			プロセス 100						
			行動 100						

図解 人事制度の改定具体策の検討フレーム サブシート④ 評価制度 詳細設計

相対評価とは？

　予め定められた決まりに従い、各人の評価結果に基づいて、必ず順位づけや評価の区分がなされ最終評価が決まる仕組み。

　各人の評価結果に関わらず、必ず評価にメリハリがつく。

　なお、分布基準については会社の業績状況や、所属組織の評価などに応じて、業績や評価が高い時は高い評価の分布を多くし、逆に業績が厳しい場合は高い評価の分布を少なくするなどの調整もできる。

絶対評価とは？

　予め定められた決まりに従い、各人の評価結果に基づいて、最終評価が決まる仕組み。

　各人の評価結果が同様であると、評価にメリハリがつかないこともある。特に、評価運用が甘いと寛大化、中央化といった評価エラーも起こりやすい。

　一方で、評価が厳格に運用されれば、強制的に評価のメリハリがつけられる相対評価の運用コンセプトに比して、評価者の説明責任、本人の納得感を得られやすい。

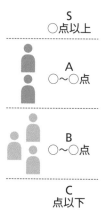

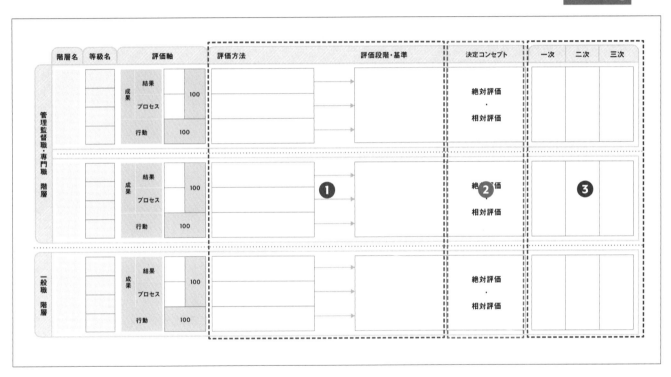

❸ 一次・二次・承認の権限設計

各等級に対する、評価を決定するプロセスと評価権限を設計する。「一次」「二次」「承認」の評価段階に合わせて、しかるべき評価者または会議体を設定する。

「一次評価」…最も近くで見ている評価者として、各評価軸・評価項目に即して、本人の成果や行動を評価する。

「二次評価」…一次評価よりも大局的な視点で、一次評価の整合性・妥当性を検証する。必要に応じて二次評価にて評価を修正する。

「承認」…二次評価結果に基づき、全社的な観点から最終的な妥当性を検証する。

上位層の評価の承認については個人でなく、「人事委員会」などの会議を設けて、役員や関連部署の長、及び人事などが参加し、協議の上合意形式できる仕組みを構築するとよいでしょう。
これにより、単なる評価決定のプロセスだけではなく、全社的タレントの把握にもつながります。

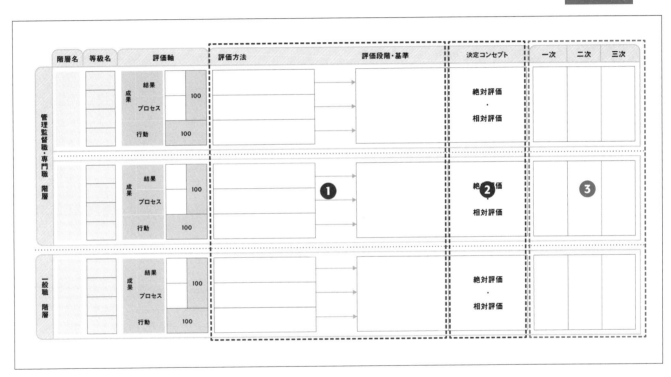

図解 人事制度の改定具体策の検討フレーム サブシート⑤ 評価制度 詳細設計

これまで設計した階層・等級、及び評価を踏まえて、どのように等級の昇格・降格を行うか、その申請や承認の条件、意思決定のプロセスを明確化する。

❶ 昇格条件の設計

「基準」ついては、人事評価の結果や、研修履修や資格取得、またアセスメントの合格などの昇格に向けた申請がされる条件を記載する。一般職階層については特に人事評価以外の条件を設ける必要性は少ないが、管理職層、専門職層への昇格などについては人事評価以外の評価基準を設けることも検討するとよい。

（例）人事評価以外の昇格条件例
・外部アセスメント
・昇進試験／論文／プレゼンテーション
・必須研修の修了
・社内ライセンス施策の取得　　など

「申請」については昇格にむけた起案・申請が出来る権限をもつ等級を設定、「承認」については評価決定と同様に上位階層を中心に会議などの機会を設けるとよい。

❷ 降格条件の設計

「基準」については、昇格条件と同様に人事評価の結果を条件として記載する。降格については条件に抵触した社員を人事にてリスト化し、「承認」において定めた会議体などで意思決定するとよい。

降格条件はあくまで審議の対象となる条件であり、昇格と同様にこの条件が充足したときに自動的に降格する仕組みではないことがポイントである。

> 「降格審査」にはネガティブな印象があります。もちろん、自ら降格を望んでいる人はいないと思いますが、何らかの理由により評価が低調な社員を会社として表面化させる仕組みは、本人にとってもメリットがあると考えます。ローパフォーマーとなっている人材を把握し、その理由をしかるべきメンバーで審議するからこそ、降格に対する納得感も醸成されますし、何よりも成果や行動が落ちている社員を見つけ、配置転換などの降格とは別の手段を講じることで再活性化させるきっかけもつくれます！

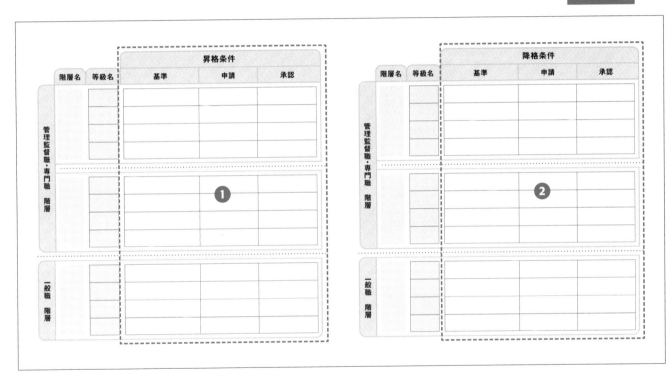

人事制度の改定具体策の検討フレーム

サブシート③　評価制度 概要設計

現 評 価 制 度

階層/等級	評価 (%)		処遇別 評価反映ウエイト		
			賞与	昇降給	昇降格

管理監督職・専門職 階層

成果	結果	100	▶			
	プロセス					
	行動	100	▶			

管理監督職・専門職 階層

成果	結果	100	▶			
	プロセス					
	行動	100	▶			

一般職 階層

成果	結果	100	▶			
	プロセス					
	行動	100	▶			

課題

新 評 価 制 度

階層/等級	評価			(%)	処遇別 評価反映ウエイト		
					賞与	昇降給	昇降格

管理監督職・専門職 階層			成果	結果		100			
				プロセス					
				行動	100				
			成果	結果		100			
				プロセス					
				行動	100				
一般職 階層			成果	結果		100			
				プロセス					
				行動	100				

改 定 ポ イ ン ト

人事制度の改定具体策の検討フレーム 記載例

サブシート③　評価制度 概要設計

現 評 価 制 度

階層/等級	評価			(%)	処遇別 評価反映ウエイト		
					賞与	昇降給	昇降格
管理監督職・専門職 階層　M3 M2 M1	成果	結果	＊曖昧	100	▶ 70	0	0
		プロセス					
		行動		100	▶ 30	100	100
管理監督職・専門職 階層　SP	成果	結果	＊曖昧	100	▶ 70	0	0
		プロセス					
		行動		100	▶ 30	100	100
一般職 階層　G4 G3 G2/S2 G1/S1	成果	結果	＊曖昧	100	▶ 70	0	0
		プロセス					
		行動		100	▶ 30	100	100

課題
- 定量・定性のウエイトが階層一律となっている。
- 定性評価項目が多すぎて結果的に形骸化している。
- 目標設定が曖昧で期中の更新・進捗管理も未対応。
- 評価結果の分布が中央化、優秀者の不満の温床になっている。

何％だと良い悪いではなく
ポリシーがあるか？
それに即しているか？が大切！

各等級、処遇の特性を
踏まえた評価反映にしよう！

新 評 価 制 度

階層/等級		評価				(%) 処遇別 評価反映ウエイト		
						賞与	昇降給	昇降格
管理監督職・専門職 階層	マネージャー層	MG4 MG3 MG2 MG1	成果	結果	80	100	100	70	70
				プロセス	20				
			行動	100		0	30	30
	スペシャリスト層	SG3 SG2 SG1	成果	結果	90	100	100	90	80
				プロセス	10				
			行動	100		0	10	20
一般職 階層	スタッフ層	JG3 JG2 JG1 CD	成果	結果	70	100	100	70	70
				プロセス	30				
			行動	100		0	30	30

改 定 ポ イ ン ト

✔マネージャー層は成果重視ながら行動も相応に評価し、マネジメントの質向上を後押しする。

✔スペシャリスト層は結果重視。一方でスタッフ層はプロセス・行動を加味する。

人事制度の改定具体策の検討フレーム

サブシート④　評価制度 詳細設計

階層名	等級名	評価軸		評価方法
管理監督職・専門職　階層		成果：結果／プロセス	100	
		行動	100	
管理監督職・専門職　階層		成果：結果／プロセス	100	
		行動	100	
一般職　階層		成果：結果／プロセス	100	
		行動	100	

	評価段階・基準	決定コンセプト	一次	二次	三次
		絶対評価 ・ 相対評価			
		絶対評価 ・ 相対評価			
		絶対評価 ・ 相対評価			

人事制度の改定具体策の検討フレーム

サブシート④　評価制度 詳細設計

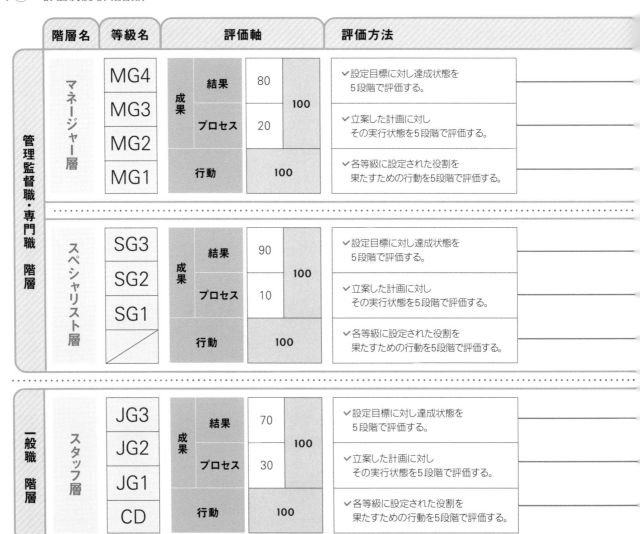

階層名	等級名	評価軸			評価方法
管理監督職・専門職　階層	マネージャー層	MG4 MG3 MG2 MG1	成果	結果 80 / プロセス 20 → 100	✔設定目標に対し達成状態を 5段階で評価する。 ✔立案した計画に対し その実行状態を5段階で評価する。
				行動 100	✔各等級に設定された役割を 果たすための行動を5段階で評価する。
	スペシャリスト層	SG3 SG2 SG1	成果	結果 90 / プロセス 10 → 100	✔設定目標に対し達成状態を 5段階で評価する。 ✔立案した計画に対し その実行状態を5段階で評価する。
				行動 100	✔各等級に設定された役割を 果たすための行動を5段階で評価する。
一般職　階層	スタッフ層	JG3 JG2 JG1 CD	成果	結果 70 / プロセス 30 → 100	✔設定目標に対し達成状態を 5段階で評価する。 ✔立案した計画に対し その実行状態を5段階で評価する。
				行動 100	✔各等級に設定された役割を 果たすための行動を5段階で評価する。

誰が、何を、どのように
評価するのかバッチリ！

評価段階・基準	決定コンセプト	一次	二次	三次
評価結果に基づき、 各等級にて下記の通り相対分布を 実施し最終評価マーク決定 ● S/A　15% ● B+　20% ● B　35% ● B-　20% ● C/D　10%　※SとDは絶対評価	絶対評価 ・ （相対評価）	担当役員	—	役員会
		MG4 MG3	担当役員	人事委員会
評価結果に基づき、 絶対評価にて最終評価マーク決定 ● Excellent（期待を大きく上回る成果） ● Good（期待を上回る成果） ● Average（期待通りの成果） ● Poor（期待を下回る成果）	（絶対評価） ・ 相対評価	担当役員	—	役員会
		MG4 MG3	担当役員	人事委員会
評価結果に基づき、 各等級にて下記の通り相対分布を 実施し最終評価マーク決定 ● S/A　15% ● B+　20% ● B　35% ● B-　20% ● C/D　10%　※SとDは絶対評価	絶対評価 ・ （相対評価）	MG2 MG1	MG4 MG3	担当役員
		MG2 MG1	—	人事部

人事制度の改定具体策の検討フレーム
サブシート⑤　昇降格条件設計

階層名	等級名	昇格条件		
		基準	申請	承認
管理監督職・専門職　階層				
管理監督職・専門職　階層				
一般職　階層				

| 階層名 | 等級名 | 降格条件 | | |
		基準	申請	承認
管理監督職・専門職　階層				
一般職　階層				

人事制度の改定具体策の検討フレーム 記載例

サブシート⑤ 昇降格条件設計

階層名	等級名	昇格条件		
		基準	申請	承認
管理監督職・専門職 階層 マネージャー層	MG4 MG3 MG2 MG1	✔担当組織・職位の変更 ＊直近評価 B+以上 ＊過去2期 D以下無し ✔マネジメントライセンス 取得	担当役員 MG4 MG3	役員会 人事委員会
スペシャリスト層	SG3 SG2 SG1	✔担当タスクの変更 ✔スペシャリスト任用 評価のクリア ＊直近評価 A以上	担当役員 MG4 MG3	役員会 人事委員会
一般職 階層 スタッフ層	JG3 JG2	✔担当役割の変更 ※直近評価 B+以上	MG2 MG1	担当役員
	JG1	✔直近評価B＋2回以上または A1回以上		人事部
	CD	＊以下等級はないため該当条件なし		

より高い
等級にいくほど
人事評価以外の
項目も見よう！

絶対に出現しないような
条件にしても
意味ないですからね！

	階層名	等級名	降格条件		
			基準	申請	承認
管理監督職・専門職　階層	マネージャー層	MG4	✔直近評価2年連続 C評価以下 または直近評価 D評価以下	人事部 ＊左記条件の該当社員を人事部にて自動的に審議申請	役員会
		MG3			
		MG2			人事委員会
		MG1			
	スペシャリスト層	SG3	✔直近評価2年連続 C評価以下 または直近評価 D評価以下	人事部 ＊上記同様	役員会
		SG2			
		SG1			人事委員会
一般職　階層	スタッフ層	JG3	✔直近評価2年連続 C評価以下	人事部 ＊上記同様	人事委員会
		JG2			
		JG1	＊以下等級はないため該当条件なし		
		CD			

誰のために低い評価をつけるのか？

絶対評価の話のところで、「みんながんばっている」というところから、中央化傾向の評価をしてしまう評価者が多いという話をしました。その心情には理解できるところもありますが、そのような運用をしていると組織に害が生じます。

もし、戦略実現のために他の人より多くの成果を出した人やより適切な行動をした人が、その分、他の人よりも高く評価されないとしたら、そのような人材や行動が増えていきません。

会社が示す戦略という方向に沿って、きちんと行動し、高い成果が出せれば、他の人よりも高い評価がされるということを、しっかり示すために、そのような行動や成果が出せない人は、低く評価をしなければならないのです。

評価制度は、第一義として、高く評価されるべき人のためにある、ということです。それをきちんと運用しないことは、会社や組織にとって大きな損失をもたらします。

次に、これは二義的なことですが、正しくない評価をすることは被評価者本人のためにもなりません。

たとえば、本来は「悪い」という評価を与えるべき業績や行動の人に対して、「標準」という評価をしたとします。すると、評価された当人は、自分の業績や行動について、「このままでいいんだ」と思うはずです。先に評価は会社の思想を伝えるメッセージだという話をしましたが、「会社は自分に『OK』だといっている」という誤ったメッセージを伝えることになるのです。

当然ながら、本来は「悪い」とされるはずの、不適切な行動や態度、考え方が改められることにはなりません。そして、いい方は悪いですが、他の人からは「使えない」と思われながら、それを改める貴重なチャンスを失って、歳月を重ねていきます。

そしていつか、何かのきっかけで、「君は能力がない」と告げられてしまうことになります。本人としては「これまでの評価では、

標準とされていたのに、どうして?」と青天の霹靂なわけですが、実はずっと周りからはそう思われていたということで、これは悲劇でしかありません。

　厳しい評価を付けさせることは、評価者にも人事担当者にも、心理的な負担がかかるものです。しかし、その一時的な感情に負けて、正しい評価を避けることは、まさに「誰も幸せにしない」行為だということを、肝に銘じておいていただきたいと思います。

STEP
5

報酬制度

社員の貢献に報いる
仕組みをつくる

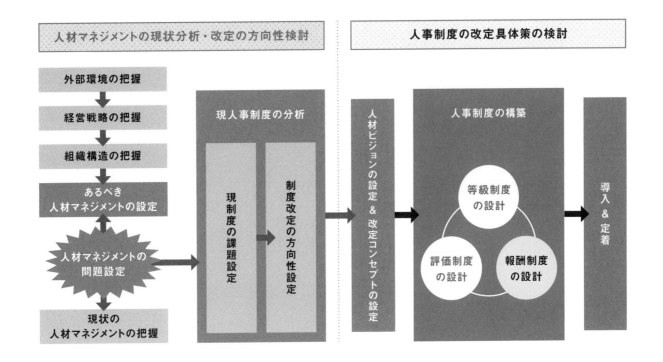

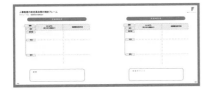

1　報酬制度の役割

　本STEPでは、人事制度の主要3要素の最後となる報酬制度について解説していきます。

　報酬制度とはその名の通り社員の貢献に対して報いるための仕組みです。

　一口に報酬といっても、様々な種類がありますが、基本となるのは、その名の通り基本給です。そこで本STEPでは、基本給（給与）の設計と運用について主に解説していきつつ、その他の報酬（賞与、褒賞など）の設定についても適宜触れていきます。

2　報酬制度の現状分析、再び

等級制度や評価制度と同様、報酬制度についても、STEP1「人材マネジメントの現状分析・改定の方向性検討フレーム」を再確認しつつ、まずは現状の制度の分析からはじめましょう。

報酬制度確認の3つのポイント

現状の報酬制度については、①報酬の傾き（昇給ペース）、②報酬の広がり（バラつき）、③水準、の3点を確認します。

これらについては、年収だけではなく、月例給（時間外手当あり）、同（時間外手当なし）の3パターンをそれぞれ確認します。

①報酬の傾き（昇給ペース）

等級が上がるにつれて、あるいは、同等級内部での一定の幅により、給与が上昇します。等級の特性（一般職か管理職か、など）にふさわしい昇給・降給ペースになっているのかという点を確認します。

②報酬の広がり（バラつき）

同年齢における報酬の差を見ます。①の傾きが右肩上がりで、かつ、この広がりがまったく、あるいはほとんどないのが、年齢に応じて自動的に報酬が決まる、いわゆる年功序列型の報酬体系です。逆に、成果主義的な要素が大きい報酬体系では、広がりが大きくなります。これはどちらが良い、悪い、というものではありません。しかし、たとえば「当社は年功に関係ない実力主義で評価します」という方針を掲げておきながら、高年齢になってもあまり幅が広がらないままで推移しているのであれば、それは方針と実態が違っていることがわかります。報酬制度に求める考え方と、実態が一致しているかどうかを確認するということです。

さらに、制度上は本来ありえないはずの、高賃金、低賃金になっている人がいないかも確認します。

③水準

報酬額の水準です。各等級にふさわしい水準になっているのか、また、同業、同規模の他社の平均と比べて、どの程度の水準にあるのかといった点を確認します。

日本国内における賃金の平均については、厚生労働省が毎年公表している「賃金構造基

本統計調査」で、国内の平均賃金から、企業
規模別平均、産業別平均、役職別平均といっ
た詳細なデータまでわかります。

社員の関心は評価の報酬への反映

　社員の報酬の関心が高いものとして「誰が
どれだけもらっているのか」ということです。
実は、これが意外と重要なのです。社員は、
自分自身の報酬に対する満足・不満足という
ことも感じますが、「あんな仕事しかしてい
ないあの人が、あれだけもらっている」とい
うことに対する不満足を感じる場合も、非常
によくあります。評価と報酬の反映への関心
が高い、ということです。

報酬制度の分析ポイント

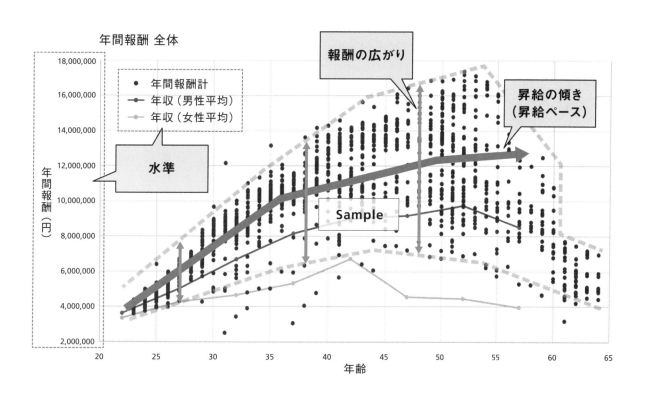

3　報酬制度の種類を把握する

　報酬制度にも、様々な種類があります。大きく固定的なものと、流動的なものに分けられ、もっとも固定的なものが月例給とも呼ばれる基本給です。あとは給与に付加して支給される手当、時間外手当、交通費などの基準外賃金があります。

　流動的な性質のものは、賞与がありますが、賞与もその一部は固定的なものとして捉えていることがあります。100％業績に応じて支給される決算賞与のようなものが、流動性の高い賞与です。さらに、永年勤続、各種コンテスト、あるいは特別に高い貢献をした者に対する褒賞があります。

> 本書では主に、基本給、賞与を中心に設計方法を解説していますが、より会社のモデル人材となっている人材に報いるためには「褒賞」をうまく活用するといいですよ！

報酬の種類

報酬	賃金	給与	基準内賃金	基本給

固定的

流動的

基本給	・年齢給 ・職能給 ・職務・役割給 ・業績給・成果給
手当	・役職手当 ・職務手当 ・資格手当 ・家族手当 ・住宅手当
基準外賃金	通勤手当／時間外手当 深夜勤務手当／休日勤務手当
固定賞与	夏季・冬季賞与
変動賞与	特別賞与／決算賞与
褒賞	永年勤続／各種コンテスト

基準内賃金 … 基本給・手当
賃金 … 給与（基準内賃金・基準外賃金）・賞与（固定賞与・変動賞与）
報酬 … 賃金・褒賞

4　報酬レンジの種類とレンジのつくり方

　各等級に賃金水準を設定していくときの基本事項として、同一等級内での基本給の変動（昇給・降給）幅をどれくらい持たせるのかという点があります。これを「報酬レンジ」と呼んでいます。細かく見ると、報酬レンジには4種類あります。なお、これはあくまで、手当などを除いた基本給についての話である点に留意してください。

■ シングルレート

　これは、同一等級内では昇給・降給がないというパターンです。つまり、昇給するためには等級が上がらなければならないという設計です。

　この設計のメリットは、昇格しなければ昇給しないため、昇格に対する強い意欲を生みやすいという点です。しかし、逆にもし降格になった場合のマイナスのインパクトも大きくなります。営業会社で営業成績に応じてどんどん等級が上がっていくといった会社に向いている方式です。

■ レンジレート（範囲給）

　同一等級内でも昇給・降給があり、賃金に幅を持たせることができる設計が、レンジレートです。レンジレートにはさらに3種類があります。

■ ① 階差型

　ある等級の賃金額の上限・下限が、隣接する上下の等級の上限・下限と重ならない金額に設定されているタイプです。

　これも、シングルレートに近い、昇格メリットが大きい設計になります。また、時間外手当が付く等級においては、時間外手当をつけても上の等級と総賃金が逆転する事態が起こりにくいので、下位の等級で残業をたくさんやっている人のほうが、上の等級の人よりたくさんもらっているといったことが避けやすいのもメリットです。

　ただしシングルレートと同じように、昇格のインパクトが大きいので、会社からすると、昇格させたときの労務費負担の増加幅が大き

報酬レンジの種類

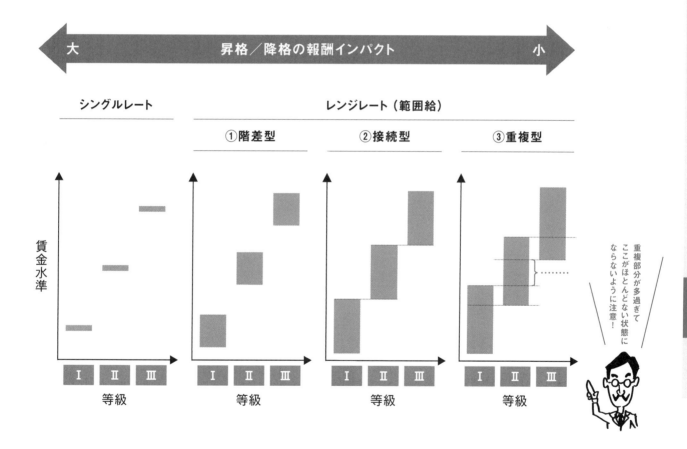

STEP ZERO

STEP 1.

STEP 2.

STEP 3.

STEP 4.

STEP 5.

LAST STEP

くなります。逆に、降格したときには当人が
受けるマイナスインパクトが大きくなります。

② 接続型

ある等級の賃金額の上限・下限が、隣接す
る上下の等級の上限・下限と連続する金額に
設定されているタイプです。

階差型と、次に説明する重複型との中間の
ような仕組みです。

③ 重複型

ある等級の賃金幅が、隣接する上下の等級
の賃金幅と一部重なって設定されているタイ
プです。

重複型では、昇格または降格した場合でも、
賃金の変動幅は少なくなります。会社から見
ると、昇格させても労務費負担の増加幅が、
階差型や接続型に比べれば少なくなる可能性
が高いことになります。一方、降格させた場
合は、等級は落ちるけれども給与の処遇は前
に近い水準で維持されるため、とりあえず格

だけ下げられます。つまり、他のタイプと比
べて、昇降格のインパクトが会社にも本人に
も少ないため、運用しやすい設計だといえま
す。

ただし、時間外手当がつく場合は、階差型
のところで説明したことと反対に、逆転現象
が起こりやすく、「下の等級でこんなに貰え
るんだったら、無理して昇格する必要はない」
ということにもつながりかねないので注意が
必要です。

報酬レンジのつくり方

レンジレート（範囲給）を採用する場合、
どうやって各等級の報酬レンジを決めるのか
という点を説明します。

まず、普通は何年くらいその等級にいるの
かという、標準的な経年が基準となります。

ただし、評価が下がって同一等級内で降給
させなければならない場合もあります。ある
いは、標準的な経年よりも長い年数、その等
級に留まる人もいます。それらを加味して、
上下にそれぞれ幅を増やします。すると、こ
の等級の報酬レンジになるということです。

報酬レンジ検討のポイント

基本給	増減額		
¥350,000	5,000		
¥345,000	5,000		
¥340,000	5,000	標準の経年を経過した後、何年間の昇給を許容するか検討し、レンジを設計する。	**標準外（滞留）**
¥335,000	5,000		
¥330,000	5,000		
¥325,000	5,000		
¥320,000	5,000	予め検討・設計したモデル報酬に基づきこの等級の標準的な経年とそれに基づく昇給額を検討し基本となるレンジを設計する。	**標準経年の報酬レンジ**
¥315,000	5,000		
¥310,000	5,000		
¥305,000	5,000		
¥300,000	0		
¥295,000	-5,000		
¥290,000	-5,000	標準を下回った場合に、同等級内でどれくらいまで報酬を下げるか検討し、レンジを設計する。（これ以上下げる場合は降格）	**標準外（降格候補）**
¥285,000	-5,000		

STEP ZERO
STEP 1.
STEP 2.
STEP 3.
STEP 4.
STEP 5.
LAST STEP

5　昇給・降給方法の設定

　同一等級において、評価が変化したときに、どのように昇降給させるのかという点の設計について説明します。

　これには、主な考え方として、「号俸表方式」「昇給表方式」「洗替方式」があります。

号俸表方式

　日本企業で多く普及していたのが、号俸表方式です。

　号俸とは給与の段階設定のことで、等級ごとに数十段階の号俸表が定められているのが号俸表方式です。等級が上がれば、全体的に高い賃金の号俸表となります。また、同一等級内では号俸が高ければ高い賃金になります。つまり、号俸表方式では、まず等級が決まり、次にその等級内で号俸が決まることにより賃金が決まります。

　では、号俸はどのようして定められるのかといえば、評価と関係なく毎年号棒が上がっていく単純号俸表方式と、評価ランクに応じて号棒を加減する段階号俸表方式があります。

　単純号俸表方式は毎年号俸が上がっていく、いわゆる年功賃金です。一方、段階号俸

表方式は、毎年評価をして、評価により号俸が上下するわけですが、基本的は上げる運用が一般的であり、そのため、ある程度年功的な推移になります。

昇給表方式

　昇給表方式では、号俸表方式のような細かい段階は設けずに、評価により前期からの昇降給額、または昇降給率を決める方式です。

洗替方式

　洗替（あらいがえ）方式は、等級ごとに評価による区分をした賃金表があり、評価によってどの区分の賃金になるのかを決める方式です。号俸表方式が、前期の号俸を基準として、そこから経年による加算、あるいは評価による加減で今期の新しい号俸を決めるのに対して、洗替方式では前期の号俸とは関係なく、期ごとの評価に基づいてその都度賃金を決めます。

　当然ながら年功的な要素はまったくなく、

昇給・降給方法の種類

小 ← **流動性** → 大

洗替方式	号俸表方式		昇給表方式	
			昇給額表	昇給率表

洗替方式

50万円

評価	金額
S	¥500,000
A	¥475,000
B	¥450,000
C	¥425,000
D	¥400,000

40万円

号俸表方式

号俸	金額
11	¥500,000
10	¥490,000
9	¥480,000
8	¥470,000
7	¥460,000
6	¥450,000
5	¥440,000
4	¥430,000
3	¥420,000
2	¥410,000
1	¥400,000

評価	号俸
S	＋3
A	＋2
B	＋1
C	0
D	▲1

昇給表方式

昇給額表

評価	昇給額
S	¥10,000
A	¥8,000
B	¥5,000
C	¥0
D	▲¥3,000

昇給率表

評価	昇給額
S	＋20%
A	＋15%
B	＋10%
C	¥0
D	▲8%

※**参考：ゾーン管理**
同じレンジ内において、その位置づけによって昇給（降給）の
ポリシーを変更することをいう。

		評価				
		S	A	B	C	D
ゾーンI 昇給しにくい	ゾーンI	¥8,000	¥5,000	¥0	¥−2,000	¥−5,000
── ポリシーライン ──						
ゾーンII 昇給しやすい	ゾーンII	¥10,000	¥8,000	¥5,000	¥0	¥−2,000

等級と評価だけに応じた賃金決定になります。

▎報酬レンジと昇降給方法の組み合わせによる報酬制度の性質マップ

　以上、説明してきた報酬レンジと、昇降給方法の組み合わせにより、報酬制度を設計していきます。その組み合わせ方により、昇降格が報酬に与えるインパクトが大きい「競争型組織」となるのか、それが小さい「安定型組織」になるのかが分かれます。また、報酬見直し頻度を高くしたい場合と、頻度を低くしたい場合とで、向いている制度が異なります。

　それらの要素を縦横の座標軸に取ると、次のようなマトリクスとなります。

　自社がどのような組織を目指したいのかによって、どのような報酬制度を設計すればよいかの参考としてください。

（参考）実現したい組織と報酬制度の組み合わせ

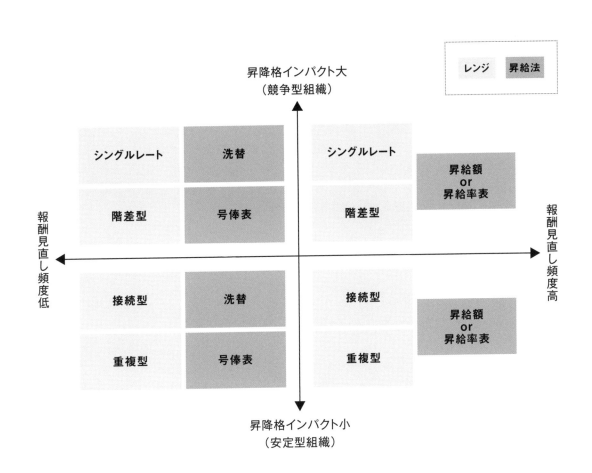

STEP ZERO

STEP 1.

STEP 2.

STEP 3.

STEP 4.

STEP 5.

LAST STEP

6　報酬モデルのつくり方

　報酬モデルとは、標準的な報酬推移を示すモデルです。

　このモデルを作成するためには、会社として考える標準的なキャリアデベロップメントを最初に設定します。たとえば大学卒業後に入社をして、20代ではこの等級まで、30代ではこの等級まで進むという標準的な計画です。もちろん、実際にはそれより早く等級アップが進む人も、遅く進む人もいます。

　次に、標準的なキャリアデベロップメントを前提にして、報酬水準などを参照しながら、たとえば「30代中盤で一般職のリーダーになったときの報酬はこれくらい、40代序盤で課長になったときはこれくらい」と、定めていきます。

　では、それぞれのキャリア段階で、どれくらいの報酬を支払うようにするのかは、人事制度改定の考え方で決まります。たとえば、「今よりも30代に厚目に支払う一方、40代は少し抑制したい」という形です。

　最終的には、会社が望む形での、キャリアデベロップメントに沿った報酬カーブになっているかどうかを確認し、それを報酬モデルとします。

▌報酬制度移行時のシミュレーション

　報酬制度の移行時には、将来3年くらいの間に、全員が昇給したら毎年だいたいどれぐらい昇給額が発生するのかを、現行制度と新制度でそれぞれ計算して、その差分を求めます。あまり差分が大きすぎると、「この報酬モデルだと労務倒産しちゃうよ」となるので、調整しなければなりません。

昇給モデルの設計

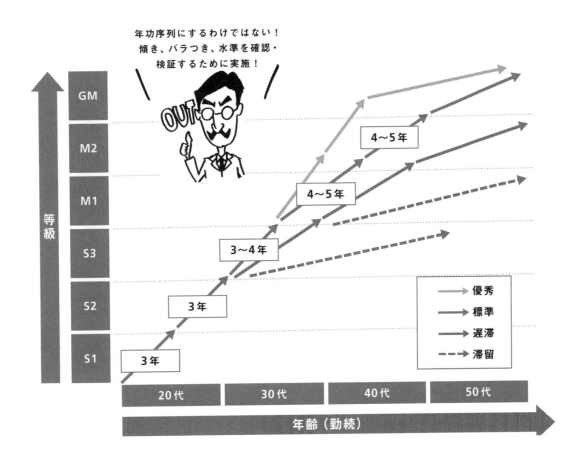

STEP ZERO
STEP 1.
STEP 2.
STEP 3.
STEP 4.
STEP 5.
LAST STEP

7　賞与設計のポイント

　ここまで賞与についてあまり触れてきませんでした。

　しかし、賞与も給与と同様に、社員に報いるための大切なツールです。ここでは、賞与の種類と賞与を支払うための原資のつくり方について説明します。

賞与の種類は3種類

　賞与には、生活保障給的な意味合いをもつ「基本給連動型賞与」と、個人や所属する組織の業績に応じて変動する「業績連動算定賞与」、そして会社の決算状態に応じて臨時的に支給する「決算賞与」があります。人事制度改定のコンセプトにもよりますが、上位等級については、より変動性の高い賞与を設定し、給与と合わせてメリハリある報酬体系にすることがお勧めです。

賞与原資の算出方式

　次に、賞与原資のつくり方を説明します。賞与原資の算出方式についても、3つのやり方があります。賞与原資が売上に連動するか、営業利益に連動するか、などの比較的変動性が大きい算出方式と、毎年固定費として見込んでおく算出方式です。

　こちらも先ほどの賞与の種類と同様、全社一律の扱いにするのではなく、各階層や等級の特性に合わせた賞与原資の算出方式を採ることで、より各役割や職責に応じた報酬が実現できます。

給与と賞与比率を設定する

　これまで説明した給与および賞与をどの程度の比率として年収を算出するかを最後に設定する必要があります。こちらもやはり全社一律にするのではなく、上位等級になるほど固定的な給与部分を少なくし、変動性のある賞与を多めにすることで、全社業績・組織業績との連動性が図りやすくなり、より戦略に沿った貢献を促すことにつながります。

賞与の種類

変動

↕

固定

| 決算賞与 | 決算を踏まえて決定
※あくまでも臨時のボーナス |

OR / AND

| 業績連動算定賞与 | 全社・事業部門業績連動と個人別業績考課連動 |

OR / AND

| 定率算定
基本給連動型賞与 | 主に基本給に対して一定の率を掛けて算出
（例：月給×3ケ月） |

賞与総原資の算出方法

**売上高連動
方式**

○：成果達成へのモチベーション向上
✕：景気変動影響が大きい

OR

**営業利益連動
方式**

○：コストも加味した達成への意識向上
○：経営リスクが低い
✕：年収の不安定さ

OR

**固定費
方式**

○：従業員側の安心感（醸成）
✕：売上や利益低迷時に人件費圧迫
✕：経営リスクが高い

賞与総原資

図解 人事制度の改定具体策の検討フレーム サブシート⑥ 報酬制度 概要設計

> **現**在の報酬制度の状態と課題を整理すると共に、改定のポイントを明確化した上で、社員の何に対して、どのような決定方法で報いるのか報酬体系評価制度の概要を設計する。

❶ 現報酬制度の記載と課題整理

現在の報酬体系、及び各報酬に対して、何に対する報酬で、どのように報酬額を決定しているのか記載する。先の現状分析ポイントを踏まえて、改めて現制度の課題を簡潔に記載する。なお、ここで抽出した課題は、新報酬制度で盛り込むべき改定ポイントとなる。

❷ 新報酬制度の概要設計

現状の課題と、人事制度改定のコンセプトに基づき、改めてどのような報酬体系であるべきかを設計する。特に「基本給」については、「能力基準」の等級運用となる場合には、等級と職位が区分されるため、「手当」において職位に対する「役割手当」「職位手当」のようなものが必要となる。一方で、「仕事基準」の等級運用となる場合は、等級と職位が同じとなるため先ほどの職位に対する手当は等級に紐づく「基本給」に含まれる設計となる。

近年、住宅手当や家族手当などといった、いわゆる属人的手当は廃止される傾向にあります。しかし、だからこそ下位階層などを中心にこのような手当を設けて他社と差別化する、という考え方もあるでしょう。

また、資格手当なども各人の自己啓発を促す仕組みとしては一定の効果が期待できます。一方で、専門手当など特定の職種や市場での獲得が難しい人材に特別に付加するような報酬は、更新制度を設けて常にその必要性を検証できる仕組みにしておくと流動性が高まってよいでしょう。

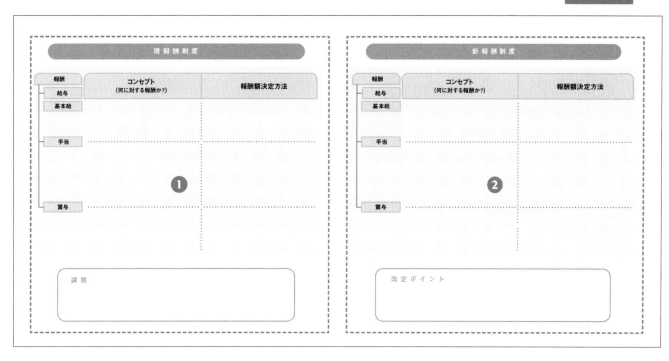

作成のポイント

サブシート⑥で設計した新たな報酬制度の概要（報酬体系）に基づき、各階層に対して、報酬のメインとなる基本給のレンジのつくり方・昇降給のさせ方、給与と賞与の比率、そして具体的な等級ごとの年収のスケールを設計する。

❶ 報酬レンジ・昇降給方法の設計

各階層の特性に合わせて、先の解説を参照の上、「シングルレート」「階差型」「接続型」「重複型」のレンジ設計の基本となるコンセプトを設計する。

また、レンジ設計のコンセプトと共に、そのレンジ内においてどのように報酬を改定（昇給・降給）させるのか、その方法を設計する。

❷ 給与／賞与比率の設計

報酬における年収を考える際に、比較的変動性が低い給与に対して、変動性のある賞与をどの程度の比率で標準的に見ておくかを設計する。

賞与比率の決定は、給与のレンジをどれくらいにするかが影響するが、一般的には給与の部分を多くして年収を設計すると社員にとっては安心感が増すものの会社としては労務費の固定化を生じやすくなる。賞与比率が高いとその逆となる。

また、上位階層ほど変動幅を大きくする意味で賞与比率を高めるという考え方もある。

（例）給与：賞与比率
給与12ヶ月分：賞与4ヶ月分＝75%：25%
給与12ヶ月分：賞与6ヶ月分＝67%：33%

❸ 報酬（年収）水準の設計

年収ベースでの報酬水準を各等級に合わせて設計する。まずは給与のみでの年収レンジを設計し、そこに標準的賞与部分を加味して最終的なレンジを設計する。

水準は業界他社などと比較して競争優位性で遜色ないかを確認する。

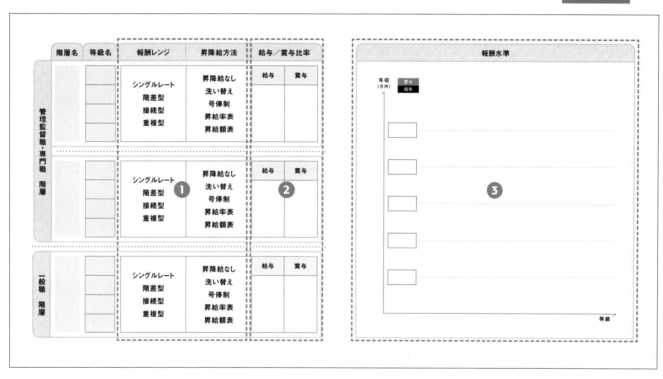

階層名	等級名	報酬レンジ	昇降給方法	給与／賞与比率		報酬水準
				給与	賞与	

管理監督職・専門職　階層

シングルレート
階差型
接続型
重複型

昇降給なし
洗い替え
号俸制
昇給率表
昇給額表

一般職　階層

シングルレート
階差型
接続型
重複型

昇降給なし
洗い替え
号俸制
昇給率表
昇給額表

❶ ❷ ❸

年収
(万円)

賞与
給与

等級

人事制度の改定具体策の検討フレーム

サブシート⑥　報酬制度 概要設計

現 報 酬 制 度

報酬	コンセプト （何に対する報酬か？）	報酬額決定方法
給与		
基本給		
手当		
賞与		

課題

新 報 酬 制 度

報酬	コンセプト （何に対する報酬か?）	報酬額決定方法
給与		
基本給		
手当		
賞与		

改 定 ポ イ ン ト

人事制度の改定具体策の検討フレーム 記載例

サブシート⑥　報酬制度 概要設計

現 報 酬 制 度

報酬	コンセプト（何に対する報酬か？）	報酬額決定方法
給与		
基本給		
職能給	各等級に求められる能力の発揮状態に合わせて支給	人事評価の結果に基づき給与変動
手当		
役職手当	担う役職に対し付与	担当する役職毎に設定
専門手当	保有資格・専門知識に付与	資格取得、スキルマップ認定
住宅手当	住宅を取得した社員に対する支援として付与	一定の等級・年齢の社員を対象に支給
家族手当	扶養家族を設けた社員に対する支援として付与	扶養条件に合わせて支給
賞与		
夏季賞与	短期的な成果に対し支給	人事評価の結果に応じて賞与額を決定
冬季賞与	短期的な成果に対し支給	等級毎に固定支給
決算賞与	会社業績向上の貢献に対し支給	全社業績状況に応じて等級毎に一律支給

専門手当は
しっかり運用されて
ますか？
変な調整給が
横行していませんか？

課題
- ✓年功的・属人的な手当が多く変動性が少ない。
- ✓高度専門人材に魅力的な報酬水準になっていない。
- ✓活躍・成長に応じてメリハリを出せていない。
　降給が運用できておらず下方硬直性が強い状態となっている。

新 報 酬 制 度

報酬	コンセプト （何に対する報酬か?）	報酬額決定方法
給与		
基本給		
役割給	各等級に求められる貢献・ 役割遂行状態に合わせて支給	人事評価の結果に基づき給与変動
手当		
家族手当	扶養家族を設けた社員に対する支援として付与	扶養条件に合わせて支給
賞与		
夏季賞与	短期的な成果に対し支給	人事評価の結果に応じて賞与額を決定
冬季賞与	短期的な成果に対し支給	
決算賞与	会社業績向上の貢献に対し支給	全社業績状況に応じて等級毎に一律支給

スッキリ!

改定ポイント

✓各等級に課せた貢献・役割遂行状態に報いる役割給に役職手当・専門手当などを統合。

✓住宅手当は廃止（転居を伴う異動者への補助は継続）。

✓賞与は夏季・冬季共に評価に基づき変動させる。

人事制度の改定具体策の検討フレーム
サブシート⑦　報酬制度 詳細設計

階層名	等級名	報酬レンジ	昇降給方法	給与／賞与比率	
管理監督職・専門職　階層		シングルレート 階差型 接続型 重複型	昇降給なし 洗替 号俸制 昇給率表 昇給額表	給与	賞与
		シングルレート 階差型 接続型 重複型	昇降給なし 洗替 号俸制 昇給率表 昇給額表	給与	賞与
一般職　階層		シングルレート 階差型 接続型 重複型	昇降給なし 洗替 号俸制 昇給率表 昇給額表	給与	賞与

報酬水準

年収
（万円）

賞与
給与

等級

人事制度の改定具体策の検討フレーム 記載例
サブシート⑦ 報酬制度 詳細設計

階層名	等級名	報酬レンジ	昇降給方法	給与／賞与比率	
				給与	賞与
管理監督職・専門職 階層	マネージャー層 MG4 MG3 MG2 MG1	(シングルレート) 階差型 接続型 重複型	昇降給なし (洗替) 号俸制 昇給率表 昇給額表	60%	40%
	スペシャリスト層 SG3 SG2 SG1	(シングルレート) 階差型 接続型 重複型	(昇降給なし) 洗替 号俸制 昇給率表 昇給額表	30%	70%
一般職 階層	スタッフ層 JG3 JG2 JG1 CD	シングルレート 階差型 (接続型) 重複型	昇降給なし 洗替 号俸制 昇給率表 (昇給額表)	75%	25%

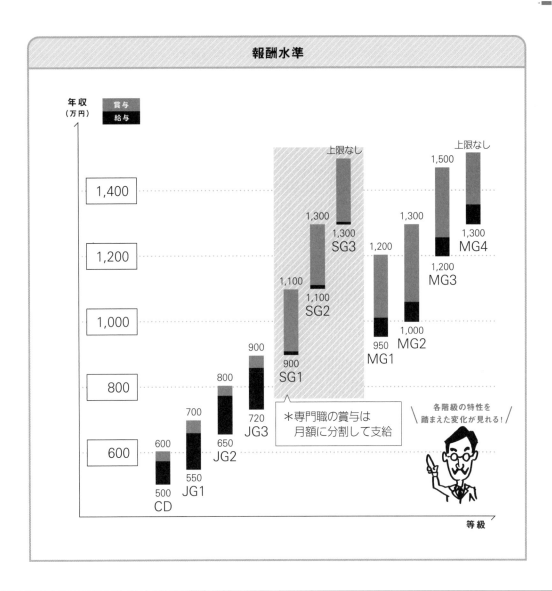

報酬水準

機会は平等、結果は不平等

かつての日本企業は、入社することはそれなりに難しいものの、いったん入ってしまえば社内での処遇には大きな差はつけない、もちろん、中途解雇などもよほど例外的なケース以外はあり得ませんでした。解雇は法規制もあるので、文化だけが要因ではありませんが、「機会は不平等（あるいは狭き門）で、結果は平等」という文化が主流だったのです。

これは社内においても同様で、一定以上の役職に上がることは難しいけれど、上がってしまえば下がることはない、また、ある職群に所属すると、職群の移動は難しくなるけれども、その中では悪いようにはされない、といったことが、今でも残る日本の大企業の文化です。いわゆる「護送船団方式」と呼ばれるような制度文化が、一定の産業全体だけではなく、個々の企業内においても広く浸透していたのです。

日本経済全体が成長して市場のパイが安定的に増え、将来の予測がしやすい時代にはそれでもよかったのです。しかし、いまや時代が変わりました。市場全体のパイが縮小し、環境変化が激しい時代に、結果に応じて、会社であれば業績が下がる、個人であれば処遇が下がること、つまり結果として不平等が生じるのは、当たり前だと考えられるようになっています。

問題は、その前提として「機会は平等でなければならない」はずなのに、それがないがしろにされている企業が多いという点です。機会がオープンにされていないと、結果の不平等に対しての社員の不満はたまります。

たとえば、STEP3の専門職制度のところで論じた「申請制度と更新制度」の導入です。これは、手を上げればだれでも申請できるという点で、極めて機会平等です。ただし、結果としては任用・更新される人と、されない人が出るという不平等が生じます。しかし、結果としての不平等が出ても、門戸はオープンにして、実際に挑戦

して結果が出せなければ、本人も、周りも納得できるでしょう。

　あるいは、再格付けでも同じです。再格付けで降格になったとしても、昇格、昇給できる機会が与えられているなら、結果として、そのままのポジションに留まってしまうか、昇格して再び給与が上がるのかは本人次第だということです。

　機会は平等であれば、結果が不平等でも、人事制度においてもっとも大切だと言われる「納得」が、得られるのです。

　本STEPでテーマとした昇給にしても、その要因となる評価にしても、その改定の際には、ぜひ「機会は平等」、だからこそ全員を同じように扱わず「結果は不平等」という点を強く意識してください。本来会社が報いたい社員が不満に感じることが少ない制度改定実現へと結びつくでしょう。

導入・運用

人事制度が活用される
運用基盤をつくる

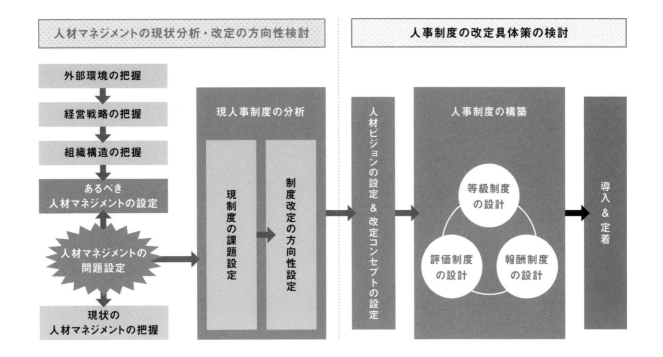

このSTEPで作成するフレームワーク

1　制度3割、運用7割

STEP1〜5までで人事制度改定の考え方やプロセスの「骨格」となる部分を説明し、ワークをしていただきました。これ以外にも細かい「肉付け」となる部分は残っているでしょうが、骨格を正しく組み立てていただければ、大きく間違った方向の制度改定にはならないはずです。

しかし、ここで強調しておきたいのは、正しい制度を設計して組み立てれば、自動的に正しい制度運用ができるかといえば、決してそんなことはない、という点です。人事制度は人間を扱う仕事です。コンピュータのプログラムを正しく書けば、自動的に正しい計算結果が算出され続けるのと同じようにはいかないのです。

私たちは、つまるところ、人事制度は「制度3割、運用7割」だと思っています。正しい制度設計をするのは、人事運営において3割の部分であり、後の7割は正しい運用ができるかどうかにかかっているのです。

とはいえ、当然ながら、運用は制度という「土台」の上で実施されるものです。そのため、土台となる制度が不完全なものであれば、そもそも正しい運用はできないのです。したがって、まずはこれまでに説明してきたような方法で、正しい制度を設計・構築することは必須です。運用7割とはいっても、それは、「制度は適当でも、運用がよければなんとかなる」という話ではなく、まず土台としてのしっかりした制度があってこその運用だということも、付け加えておきます。

▌本STEPで説明する内容

制度運用は、制度導入後ずっと続いていくものであり、また、人事に関するありとあらゆることが、運用の対象でもあります。したがって、そのすべてをここで語り尽くすことは到底できません。

本STEPでは、運用の最初の要所となる、新制度導入時の社内説明プロセス、および、制度を実際に使って評価を行う人の評価者研修に絞って解説します。

2　人事制度導入の一般的なプロセス

　まず、人事制度導入の一般的なプロセスを確認します。通常は、導入準備に3ヶ月程度をかけ、導入後の定着期間にさらに1年程度を要します。

　新制度を設計し社内決済が下りた後、最低でも2回、社内説明会を実施します。なぜ2回実施するかといえば、1回の説明では、全員に理解が浸透することは、絶対にないためです。必ず、「聞いてない。説明が足りない。よくわからない」といった声が出ます。そのため、「最低でも」2回は全社に説明会を実施する必要があります。

▌最初の説明会は「錦の御旗」を理解してもらうことを中心に据える

　2回の説明会を実施するといっても、同じことを話すわけではありません。

　最初の説明会は概要説明です。制度改定がなぜ必要で、どんな方向に変えるのかを説明します。つまり、STEP1で説明した「錦の御旗」です。

　このときにポイントとなるのが、詳細な制度の設計や中身を記した資料は配付しない、という点です。資料を配付してしまうと、必ず推測などの尾ひれがついて、勝手に一人歩きをはじめてしまいます。配付するのは、あくまで「錦の御旗」のような概念的な背景や方向性をまとめた文章だけに留めます。

▌2回目の説明会で制度の具体的内容を伝える

　2回目の説明会は、制度導入直前に実施します。このときには、詳細資料を配付し、いつ目標設定をして、どんな評価項目があり、誰が評価するのか、評価結果はどのように反映されるかなどの具体的な話をします。

　また、その際には制度の詳細な中身、等級や評価、報酬について具体的にわかる資料を用意します。

3　制度導入説明会の注意点

　制度導入説明会は、その後のスムーズな制度運用を実現するために非常に重要です。ここで失敗してしまうと、制度が導入できなくなる、あるいは無理矢理導入はできてもうまく運用できなくなるということにつながります。

　失敗のない説明会実施のためのポイントを解説します。

▌説明の順序が重要

　概要説明と具体的な説明の2回の説明会を実施すると書きましたが、実際には、その2回のそれぞれについて、全社一斉に説明をするのではなく、対象を分けた会を複数実施します。その際に、説明を実施する対象の順序が極めて重要です。

　まず、役員、部長などの上位層から最初に説明します。中には、「まず現場の声を聞こう」と考えて、下位の職位から説明をしたほうがよいのではないかと考える人もいますが、これは絶対にNGです。必ず、「俺が聞いてないのに」とゴネる上位職の人が出てきます。

　また、部署の順序については、いわゆる「うるさ型」の人や、職位とは関係ない社内のキーパーソンなどがいる部署は、2番手か3番手くらいに説明することとし、最初に説明してはいけません。

　これは、説明する人事担当者の側も、1回目は慣れていないので、不安に思うことがあったり、思わぬ質問が出て焦ったりすることがあるためです。最初の1〜2回は、人事部や新制度に対して、比較的理解のある部署で説明をして慣れておくということも大切です。なお、うるさ型の人がいる部署を最後にすると、それはそれで「どうしてうちが最後なんだ」とクレームに結びつきやすいので、最後に回すこともやめましょう。

▌「錦の御旗」を立てて、自信を持って説明する

　人事制度改定は会社、事業の長期的な成長発展のために実施するものであり、それを第1に考えて制度設計をしているはずです。そういった導入の背景や目的＝「錦の御旗」について、堂々と自信を持って説明しましょう。

　その際に、言葉づかいとして注意すべきなのは、「一般的にはこうです」「通常はこうし

制度導入スケジュール

制度改定前年度

第1Q	第2Q	第3Q	第4Q

現人事制度を運用

- 現状分析＆改定コンセプト検討
- 新制度詳細設計
- 社内決裁手続き
- 新人事制度説明会（概要）

制度改定年度

第1Q	第2Q	第3Q	第4Q

新人事制度を運用

- 新人事制度説明会（詳細）
- 評価者研修（期初）
- 被評価者研修
- 評価者研修（期中）
- 評価者研修（期末）

新制度の説明会は2回に分けて実施！

1回目　人事制度改定の理由・目的　及び　新制度のコンセプト・概要を中心に説明する。

2回目　新人事制度（等級・評価・報酬）の詳細　及び具体的な運用方法を説明する。

評価者・被評価者ともに正しい評価運用知識をインストールする！

評価者
- 【期初】評価の目的、評価者の役割、評価運用の基礎知識、適切な目標設定の方法を伝える
- 【期中】目標見直し、中間評価、期中フィードバックの方法を伝える
- 【期末】改めて評価方法、評価フィードバックの方法を伝える

被評価者　評価の目的、評価運用の基礎知識、適切な目標設定の方法を伝える。動画コンテンツを作成し展開するのがお勧め！

ます」といった説明をしてはいけないということです。あくまで自社が置かれている状況と戦略から演繹された制度であるという説明に終始してください。

▌わからないことは
▌絶対にその場で回答しない

　質疑応答では予想もしなかった質問が出されることもあります。そうなると動揺して軽くパニックになり、ついその場から逃れるため適当に答えてしまいたくなりますが、これもNGです。答えてしまえば「言質を与える」ことになります。わからないことは、この場合は、「後ほど書面にて回答します」といって預かるという原則を肝に銘じてください。

　また、追加で質問がある場合は、これを一定期間受け付けることも大切です。ただし、必ず書面でもらうようにしましょう。これにより、しっかりと内容を考慮した上で回答できます。

4　評価者トレーニングの実施ポイント

結局、人間が制度を運用する

　制度の浸透・定着のために、重要になるのは、制度を運用する人間、つまり評価者をしっかりと教育することです。それに加えて、最近では評価をされる人、被評価者へ人事制度教育をして理解を促進することも重要だといわれるようになっています。

　それは、評価者はしっかりした考え方に基づいて評価しているのに、被評価者がその前提を知らないために、非合理な不満感が出てきてしまうことを防ぐためです。

　さらにいえば、被評価者がしっかりと人事制度の前提を理解していれば、評価者がおかしな評価をした際、「でも、これってこういう目的じゃありませんでしたっけ」と反論することができます。それは評価者に対しては、きちんとした評価をしなければならないプレッシャーをかけることにもなり、よりよい評価運用につながります。

　このようにして、評価者と被評価者が相互に影響を与えながら、質の高い行動と成果を生んでいくのが、理想的な人事制度運用なのです。

評価者トレーニングのポイント

　評価者トレーニングを通じて、評価者に強化してもらいたい点をまとめました。

①ナレッジ＝自社の人事制度の理解

　最初は、自社の人事制度をしっかり理解してもらうことです。こう書くと、「当たり前過ぎる」と思われるかもしれませんが、実際、これができていない会社も多いのです。

　私たちが、ある会社で評価者研修を実施したときに、こんなことがありました。

　より実践的な研修にしようと思い、架空の人物像を設定した上で、その会社の実際の行動評価の評価項目を使って、その架空人物を評価してもらう研修としました。すると、驚いたことに、ある受講生（評価者）が「この評価項目はコンサル会社さんのオリジナルのものですか？」と聞いてきたのです。「これは御社（クライアント企業）の評価項目じゃないですか」と答えたら、「え、そうだったんですね」といわれました。そこまでひどいことはまれですが、それに近い話はよく聞きます。

②スキル＝目標設定、能力・行動評価力、フィードバック

STEP4の「MBO&SC」のところでも説明した通り、MBOでは、目標設定とセットになった、期中の進捗管理と行動評価、そして期末のフィードバックによって本人の主体的行動を促すことが重要です。そのスキルが評価者に求められます。

③スタンス＝評価者としての役割認識と、人事評価の役割、運用3大原則の理解

被評価者へのフィードバック時に忘れてならないのが、「評価者とは何をする仕事なのか」という自分の役割認識、およびその前提となる「人事評価とはそもそもどんな役割なのか、どういう原則で運用しなければならないのか」という点についての理解です。

この点に関しては特に重要なので、よくある誤解と正解を次ページの図にまとめました。各項目をご確認いただければ、評価者の役割がご理解いただけると思います。

■ 人事評価は回していくもの

人事評価は、上司と部下の大切なコミュニケーションツールとなりうるものです。部下は上司に評価されることにより、目標やプロセスが明確化され、能力開発が促されます。また、先にも述べたように、評価の趣旨を部下も理解することにより、上司が逆に部下からチェックされるという意味もあり、そこから上司のマネジメント力の向上や、部下育成力の向上につながります。

人事評価の相互作用のサイクルは、会社にとっては、戦略実現のためにふさわしい行動への変容、成長をもたらします。また、社員にとっては、達成感、納得感、一体感の醸成に結びつくものとなります。

評価者トレーニングを通して強化すべきポイント

①
ナレッジ
（知識）

自社の人事制度の理解
自社の評価制度の内容・運用方法などの理解

②
スキル
（技術・能力）

適切な目標設定力
果たすべきミッション（目的）に基づいた適切な目標（KGI）を設定し、
その達成に向けた実施事項（KPI）を体系的に策定し、目標設定できる力

適切な能力・行動（定性）評価力
設定された評価項目に基づき、評価の対象となる部下の
具体的な行動を捉え、正しいレベルで評価できる力

部下の能力開発に向けたフィードバック面談力
評価フィードバックの面談機会を通じて、評価の背景となる事実を適切に伝達
すると共に、部下の能力開発に向けた、課題設定・アドバイスができる力

③
スタンス
（考え方）

評価者としての役割認識
人事評価運用における（一次）評価者の主たる役割は
評価検証や部下の能力開発であることの認識

人事評価の役割、運用の３大原則の理解
人事評価運用における３大原則（評価期間内の評価、表面化された行動の評価、
評価項目の対象となる事実の評価）の理解

5　制度導入時に用意すべき3つの資料

最後に、少々細かい話ですが、新制度導入にあたってどんな資料を用意すればいいのかという点を説明しておきます。

① 社員説明用資料

導入説明会の際に使う資料です。先に述べたように1回目の概要説明会では、新制度導入の背景や方向性＝錦の御旗をまとめたものに留めます。また、2回目以降の詳細説明会で配付する資料は、逆にそういう抽象的な話は掲載せずに、具体的なイメージがわくような制度の設計がわかる資料を用意します。

② ガイドブック

主に、今後入社してくる社員に人事制度を理解してもらうための資料です。各制度の設計の目的だとか、等級の段階、評価項目、報酬の推移などを理解してもらうための資料です。

③ 人事評価マニュアル

名前の通り、評価者が評価をする際に用いるマニュアルです。

「期初にはこれをしてください」「評価フォーマットには、こんなことを書いてください」「被評価者は、評価を踏まえてこのように行動してください」といった、それに準拠して実際の行動をするオペレーションマニュアルになります。

しっかりと新制度を導入・運用するためには、この3点を用意することが必要です。

また、資料のマニュアルだけではなく、動画コンテンツなどをあわせて作成してもよいでしょう。

評価者トレーニングを通して変換すべき認識・考え方

	間違った評価者の認識・考え方 ✕	あるべき評価者の認識・考え方 ○
人事評価の目的	「人事評価」は処遇（賃金など）を決めるために行うものである。	「人事評価」は部下の能力開発や活用をするために行うものである。
人事評価のつけ方	「人事評価」は、今期の成果や行動は当然ながら、過去の成果や行動なども把握して評価すべきである。 「人事評価」は成果や行動は、当然ながら本人の特性や潜在能力なども鑑みて総合的に評価すべきである。	「人事評価」は該当する評価期間中の成果や行動のみが対象となる。
MBOの目的	「目標管理制度」を運用する目的は、期初に立てた目標の達成状況を判断することである。	「目標管理制度」を運用する目的は、期初に各人の目標とその達成に向けたプロセスを明確化し、進捗状況を把握して役割遂行を支援することである。
自己評価の扱い	「人事評価」において上司は「本人評価（自己評価）」の内容を十分に加味して実施すべきである。	「人事評価」における「本人評価（自己評価）」は自己啓発（自身による期中の振り返り）が目的であり、上司が実施する評価には一切影響を与えるものではない。
フィードバックの目的	「人事評価」のフィードバック面談において、部下に伝えることは評価の結果である。	「人事評価」のフィードバック面談において、部下に伝えることは評価の根拠となる事実（特に本人の事実認識と上司としての認識のズレ）、今後の期待・課題である。
評価者の役割	上司が評価者となり「人事評価」を行う目的は、公正・公平な評価を行うためである。	上司が評価者となり「人事評価」を行う目的は、その活用を通じて自身のマネジメント力（部下育成力）を向上させるためである。

STEP ZERO　STEP 1.　STEP 2.　STEP 3.　STEP 4.　STEP 5.　LAST STEP

これまで設計した人事評価の運用や報酬への反映方法をもとに、具体的な年間の
カレンダーを作成し、どのタイミングで評価を実施し、どの評価がどこの報酬に反映
されるのかを明確化する。

❶ 評価の運用カレンダー設計

　自社の決算年度（決算年度と実際の事業年度が異なる場合は評価運用のもとになるほうを採用する）に基づき、月別のカレンダーを作成。成果評価や行動評価の実施時期、特に成果評価について目標管理を実施する場合は期初の目標設定時期などをカレンダー上に記載する。なお、期中面談を実施する場合はその面談実施月も記載するとよい。

❷ 処遇の運用カレンダー設計

　上記カレンダーに、賞与支給時期、昇降給時期を入れると共に、どの評価が反映されるのかつながりをわかりやすくする。これ以外に決算賞与や資格手当などの見直しがある場合にはその時期などを記載してもよい。

今期												来期
	月	月	月	月	月	月	月	月	月	月	月	月
評価						❶						
処遇						❷						

人事制度の改定具体策の検討フレーム

サブシート⑧　年間運用カレンダー

今期

	月	月	月	月	月	月	月	月	月
評価									
処遇									

	月	月	月	月

来期

人事制度の改定具体策の検討フレーム 記載例

サブシート⑧　年間運用カレンダー

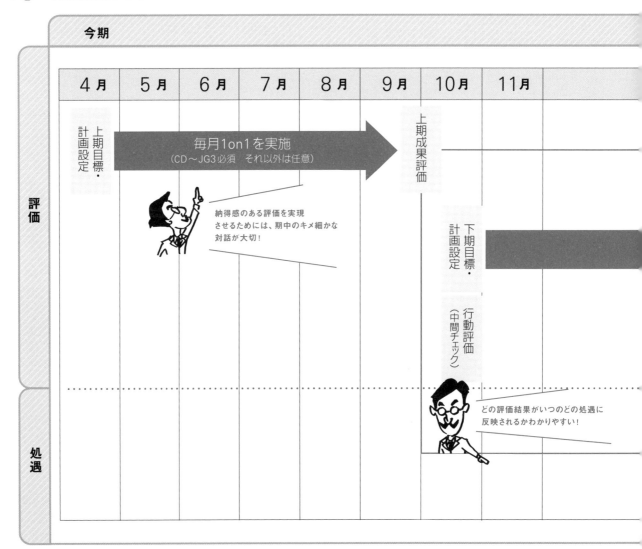

今期

	4月	5月	6月	7月	8月	9月	10月	11月

評価

上期目標・計画設定

毎月1on1を実施
（CD〜JG3必須　それ以外は任意）

上期成果評価

下期目標・計画設定

行動評価（中間チェック）

納得感のある評価を実現させるためには、期中のキメ細かな対話が大切！

どの評価結果がいつのどの処遇に反映されるかわかりやすい！

処遇

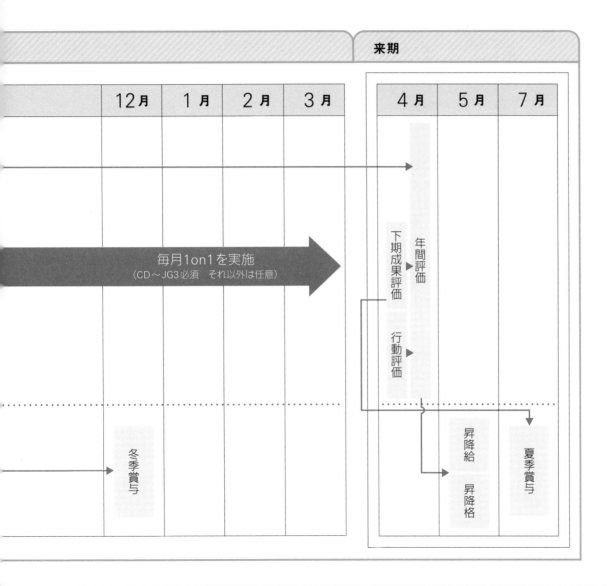

来期

	12月	1月	2月	3月	4月	5月	7月

毎月1on1を実施
（CD〜JG3必須　それ以外は任意）

下期成果評価

年間評価

行動評価

冬季賞与

昇降給

昇降格

夏季賞与

ややこしい人からの発言は、笑顔で受け止め、流す

どんな会社でも、「うるさ型」と呼ばれる人や、キーパーソンと呼ばれる影響力の高い人が、等級や役職とは関係なく、存在するものです。

新制度導入の際、そういう人たちには特に慎重に対応しなければなりません。ヘソを曲げられて強固な反対をされたり、あるいは不本意な言質を取られて、制度をねじ曲げられたりしかねないからです。

たとえば制度導入説明会のときに、そういう人たちは、普段人事に対して持っている鬱憤を晴らそうと、「そもそもそういう話じゃなくてさ……」「これはいいんだけどさ……」などと、なかば難癖をつけるような、文句のための文句のようなことをたくさんいってくることがあります。

そういうときに、勢いに負けて、「それもそうですね」などと、肯定していると取られるような対応をしてしまうと、実際に制度を導入するときに「あれを言ったのに、入ってないじゃないか」と大きなトラブルにつながりかねません。

そこで、そういう場合は笑顔で「ご意見ありがとうございます。お預かりさせていただきます」とだけいって、切り上げます。「預かる」ということで、その場では肯定も否定もしないことがコツです。

説明会は、そもそも決まったことを説明する場なので、そこで反論をして議論をしても無意味ですし、その意見を採り入れるという態度を示すことも後からトラブルのタネになるので、「お預かりさせていただきます」といって受け流すのが一番なのです。

補足資料　人事制度改定の論点ヌケモレ確認表

	主要論点		階層	
			管理監督職・専門職	一般職
等級制度	フレーム	各人の仕事観を活かし、能力発揮・貢献を促す枠組みになっているか？	☐	☐
	等級数	社員の成果・行動を評価し、これに報いるためにふさわしい等級数になっているか？	☐	☐
	名称	各階層・等級名称は社員にとって理解しやすいものになっているか？	☐	☐
	定義	各階層・等級の期待役割・発揮能力などが要約されているか？	☐	☐
	定義詳細	各等級の詳細定義は該当する社員が求められる具体的な成果・行動などが記載されているか？	☐	☐
評価制度	対象	評価の対象となる成果や行動が設定されているか？	☐	☐
	項目	評価される項目やその内容は各等級が果たすべきものと一致しているか？	☐	☐
	ウエイト	どの評価項目がどれくらい評価されるのかコンセプトが明確化されているか？	☐	☐
	期間	成果や行動評価の評価期間が明確に示されているか、回数はビジネスサイクルなどに合っているか？	☐	☐
	評価段階・基準	各評価に対する評価段階の数や基準は明確か？	☐	☐
	評価決定方法	各評価の決定方法（絶対評価・相対評価）は明確になっているか？	☐	☐
	昇降給・賞与反映	評価結果と処遇（昇降給、賞与算出）との接続は明確か？ 反映の仕方はコンセプトに合っているか？	☐	☐
	昇降格	人事評価も加味された昇降格の条件は明確になっているか？	☐	☐
報酬制度	報酬体系	報酬の体系は明確か、各種手当などがある場合制度のコンセプトに合っているか？	☐	☐
	給与・賞与比率	年収に占める給与と賞与の比率は明確か？ その比率は各等級の特性に合っているか？	☐	☐
	水準	各等級の報酬水準は業界内の他社水準などに比して魅力的なものになっているか？	☐	☐
	報酬レンジ	各等級のレンジ設計はコンセプトに合っているか？	☐	☐
	昇降給方法	昇降給の方法はルール化されているか？	☐	☐
	賞与	賞与決定のプロセス、ルールは明確化されているか？	☐	☐
検証	再格付け	仮格付を実施し、予定通り社員を乗せ換えられるか？	☐	☐
	評価シミュレーション	評価のシミュレーションを実施し、現実的に運用できるものになっているか？	☐	☐
	モデル年収	新卒社員から社内で活躍する人材のモデル年収の推移が確認できているか？	☐	☐

おわりに

ここまで本書を読み進んでいただきありがとうございます。みなさまの会社に合った人事制度改定の理想図は描けたでしょうか。

本書で、各STEPを通して私たちが普段のコンサルティング場面で実践している検討プロセスをできる限りわかりやすく解説してきました。もちろん、等級制度、評価制度、報酬制度の設計においてさらに細かく検討すべきことはまだあります。しかし、みなさまの会社の人事制度改定の方向性を検討するための第一歩として、本書に記載した内容を実践していただければ、おそらく社内の経営者、人事関係者、何よりも本来報いたい社員に対して、人事制度改定の必要性や、どのような制度に変えたいのかを説明するための十分な準備が整うものと信じています。

さて、最後に本書のまとめに代えて、私たちが普段の人事制度改定のコンサルティングにおいて大切にしている3つのことを話させてください。

1つ目は、事業戦略との整合性を確保することです。ここまで本書を読んでいただけた方ならもうおわかりだと思いますが、人事制度は立場が変われば課題認識も変わるため、いざ制度改定を進めようとしても「総論賛成各論反対」で頓挫することが少なくありません。それを救ってくれるのが「錦の御旗」を立てること、つまり経営理念や事業戦略と人事制度改定の理由や方向性との接続を図ることです。人事制度は良くも悪くも制度としての形が残るため、各制度の細かな問題点から議論をはじめがちです。そうならないために、私たちは、「自社はどのようになっていきたいのか?」「それを実現するためにはどのような人材が必要になるのか?」という問いから制度改定を進めることを大切にしています。

2つ目は、現在の人事制度と新制度との接続をはかることです。人事制度の改定は、現制度を全否定しすべてを変えればうまくいくというほど簡単なものではありません。むしろ、これからも自社の事業成長や文化醸成に寄与してくれる現制度のよい部分は残すべきです。そのために、私たちは「何を変えなければならないのか?」「何を変えてはいけないのか?」という問いから現制度の課題を抽出することを大切にしています。

そして3つ目は、運用を重視して人事制度を設計することです。たとえば同じ業界の会社や、同じ事業の会社であっても、人事制度がまったく同じということはありません。そ

れは、それぞれの会社の規模や風土文化が異なるからです。どんなに素晴らしい人事制度を設計したとしても、それが実際に現場で運用されなければ何の意味もありません。むしろ、私たちがさまざまな企業のお悩みをお伺いする際に、制度上の思想と異なる運用実態になっている状況を見ることは少なくないのです。そのために、私たちは「制度3割 運用7割」という思想の下、「この制度を本当に運用できるか？」「この制度を運用するための覚悟がクライアントにあるか？」と問い続けながら新制度を設計することを大切にしています。

　私たちフィールドマネージメント・ヒューマンリソースは、フィールドマネージメントという経営コンサルティングファームからスタートしました。マッキンゼー・アンド・カンパニーを出て本グループを創業した並木裕太は、クライアントにとっての「STEP ZERO」という存在になることをMISSIONとして掲げています。この「STEP ZERO」という言葉は、並木が前職時代にあるクライアントからこう言われたことから生まれています。「ぼくが新規案件を実行するためのリソースとして、STEP1は社内を探します。

それができないときは、STEP2として社外から経験者を探して採用します。それすらできないときに、だいぶ離れたSTEP3としてコンサルを呼びます。あなたたちはそういう遠い存在なんですよ」と。この言葉に愕然とした経験から、経営者のすぐそばにいて支えられるパートナー的存在になることを決意し"STEP ZERO（ステップゼロ）"を標榜するようになったのです。

　この想いは、弊社が2015年にフィールドマネージメント・ヒューマンリソースとして組織人事領域のコンサルティング事業を設立してからも大切にしています。今回は本書の中で皆さんと一緒に自社の人事制度改定に向けたコンサルティングを進めてきましたが、興味を持っていただけたらぜひ皆さんと直接お会いし、貴社の人事戦略について語り合えたらと思っています。貴社の「STEP ZERO」として、共に理想を掲げ、共に現実を見つめ、泥臭く人材づくりに貢献できれば幸いです。

2022年4月

小林 傑　山田博之　野崎洸太郎

おつかれさま
でした！

図解でわかる！ 戦略的人事制度のつくりかた

発行日 　2022年 4 月25日 　第1刷
　　　　 2025年 1 月27日 　第4刷

Author
小林傑　山田博之　野崎洸太郎

Book Designer
新井大輔　辻井知

Designer
岸和泉

Illustrator
山田博之

Publication
発行　ディスカヴァービジネスパブリッシング
発売　株式会社ディスカヴァー・トゥエンティワン
〒 102-0093　東京都千代田区平河町 2-16-1 平河町森タワー 11F
TEL　03-3237-8321（代表）　03-3237-8345（営業）
FAX　03-3237-8323　https://d21.co.jp/

Publisher
谷口奈緒美

Editor
村尾純司

Proofreader
小宮雄介

Printing
日経印刷株式会社

Distribution Company

飯田智樹	塩川和真	蛯原昇	古矢薫	山中麻吏
佐藤昌幸	青木翔平	小田木もも	工藤奈津子	松ノ下直輝
八木眸	鈴木雄大	藤井多穂子	伊藤香	鈴木洋子

Online Store & Rights Company

川島理	庄司知世	杉田彰子	阿知波淳平	王廳
大﨑双葉	近江花渚	仙田彩歌	滝口景太郎	田山礼真
宮田有利子	三輪真也	古川菜津子	中島美保	石橋佐知子
金野美穂	西村亜希子			

Publishing Company

大山聡子	小田孝文	大竹朝子	藤田浩芳	三谷祐一
小関勝則	千葉正幸	磯部隆	伊東佑真	榎本明日香
大田原恵美	小石亜季	志摩麻衣	副島杏南	舘瑞恵
野村美空	橋本莉奈	原典宏	星野悠果	牧野類
村尾純司	元木優子	安永姫菜	高原未来子	浅野目七重
伊藤由美	蛯原華恵	林佳菜		

Digital Innovation Company

大星多聞	森谷真一	中島俊平	馮東平	青木涼馬
宇賀神実	小野航平	佐藤サラ圭	佐藤淳基	津野主揮
中西花	西川なつか	野﨑竜海	野中保奈美	林秀樹
林秀規	廣内悠理	山田諭志	斎藤悠人	中澤泰宏
福田章平	井澤徳子	小山怜那	葛目美枝子	神日登美
千葉潤子	波塚みなみ	藤井かおり	町田加奈子	

Headquarters

田中亜紀	井筒浩	井上竜之介	奥田千晶	久保裕子
福永友紀	池田望	齋藤朋子	俵敬子	宮下祥子
丸山香織				

人と組織の可能性を拓く
ディスカヴァー・トゥエンティワンからのご案内

本書のご感想をいただいた方に
うれしい特典をお届けします！

特典内容の確認・ご応募はこちらから

https://d21.co.jp/news/event/book-voice/

最後までお読みいただき、ありがとうございます。
本書を通して、何か発見はありましたか？
ぜひ、感想をお聞かせください。

いただいた感想は、著者と編集者が拝読します。

また、ご感想をくださった方には、お得な特典をお届けします。